# Daniel y el Apocalipsis

# Daniel y el Apocalipsis

## Sunshine Ball

 **Vida**®

La misión de Editorial Vida es ser la compañía líder en comunicación cristiana que satisfaga las necesidades de las personas, con recursos cuyo contenido glorifique a Jesucristo y promueva principios bíblicos.

**DANIEL Y EL APOCALIPSIS**
Edición en español publicada por
**Editorial Vida – 2000**
**Miami, Florida**

©2000 por Editorial Vida

Edición: *Mariela Sarduy*
Diseño cubierta e interior: *Luis Bravo*

ISBN: 978-0-8297-3184-2

CATEGORÍA: Estudios bíblicos / Profecía

IMPRESO EN ESTADOS UNIDOS DE AMÉRICA
PRINTED IN THE UNITED STATES OF AMERICA

23 24 25 26 27  LBC  68 67 66 65 64

# Dedicatoria

H ace cincuenta años que la escritora Sunshine Ball publicó este libro, Daniel y el Apocalipsis y lo dedicó a las iglesias y al ministerio.
Una vez más, renovamos esta dedicatoria publicando esta edición revisada de estudio apocalíptico.

La dedicamos a todos los pastores, evangelistas y misioneros estudiosos, a los profesores, maestros e investigadores, y a los estudiantes creyentes de todas las iglesias.

*Mario Guajardo*

# Contenido

# Prefacio

aniel y el Apocalipsis es un compendio que sirvió a través de los años como un libro devocional, un libro de estudio para grupos de creyentes en la iglesia y como texto en escuelas e institutos bíblicos. Nuestra querida hermana Sunshine Ball no solo tuvo la visión, sino la dedicación e inspiración de escribir sus páginas trazando un tema tan importante como es el de profecía. El mundo hispano de iglesias e institutos en Sur, Centroamérica, México, el Caribe y en los Estados Unidos le agradece a esta autora abnegada esta obra literaria apocalíptica.

Pasaron ya muchos años y el valor bíblico literario de Daniel y el Apocalipsis continúa como texto de estudio. Hoy nos proponemos analizar su contenido, tratando de no perder ni una tilde de lo que la autora se propuso hacer. Con la abundancia de recursos literarios que hoy existen, nos proponemos actualizar el contenido simbólico y profético literario para que sus páginas continúen estudiándose. ¡Cómo desearíamos que después de hacer la revisión del texto ella la pudiera leer para darnos su evaluación! Pero, solo nos toca hacer todo lo posible y pedir al Espíritu Santo que nos ilumine dándonos nuevas interpretaciones y análisis que harán que este compendio se siga usando en estudios y reuniones devocionales de creyentes.

Esta revisión literaria tiene como objetivo hacer investigaciones de autores comentaristas que observen los mismos principios literarios y teológicos doctrinales que inspiraron a la autora.

Creemos que el libro de Daniel y el libro de Apocalipsis definen la existencia de la Iglesia a través de los siglos. Por lo tanto, esperamos que este texto, Daniel y el Apocalipsis, continúe satisfaciendo la necesidad de estudiar las profecías de la iglesia y el pueblo de Israel.

## Tesis:

El libro de Daniel contiene el plan de Dios en las profecías de las naciones del mundo, el futuro del pueblo de Israel y los gentiles.

I. La perspectiva histórica de Judá en el libro 1:1-2
II. Las naciones del mundo su carácter, relaciones y destino, 2:4-28

A. El sueño de Nabucodonosor de la gran estatua: Profecía de los tiempos de los gentiles. 2:1-49
B. La estatua de Nabucodonosor y la fe de los jóvenes hebreos, 3:1-30
C. El sueño de Nabucodonosor del árbol y la lección de humillación, 4:1.37
D. El banquete de Belsasar, la escritura en la pared y el castigo, 5:1-31
E. Darío el Medo en el rol de perseguidor, 6:1-28
F. La visión de las cuatro bestias, el Anciano de Días y el Hijo del Hombre: El gran conflicto entre Cristo y el anticristo,  8:1-28

III. El pueblo hebreo como nación y su relación con los gentiles y su futuro en el plan de Dios, 8:1-12:13

A. El carnero, el macho cabrío con el cuerno pequeño, Israel en conflicto con el anticristo, 8:1-28
B. La profecía de las setenta semanas: el futuro de Israel en el plan de Dios, 9:1-27
C. La visión final: Israel a través de los siglos y sus enemigos en las manos de Dios, 10:1- 12:122-13

# EL LIBRO DE DANIEL

**El tema del libro:**
Dios está en control. Él lo sabe todo y tiene control de todos los sucesos en el mundo. Él quita reyes y gobernadores rebeldes que le desafían. Dios vence todo mal y liberta a los que le sirven con fidelidad.

**Propósito en la vida:**
Daniel y sus compañeros fueron un ejemplo de dedicación y entrega. Ellos determinaron servir a Dios, sin importarles las consecuencias. Nunca cedieron a la tentación y presión de una sociedad mundana, porque tenían un propósito en la vida.

**Perseverancia:**
Daniel sirvió setenta años en una tierra extraña que era hostil a Dios, y a la vez no comprometió su fe. Él fue sincero y persistente en la oración sin interés de su propia gloria.

**La fidelidad de Dios:**
Las visiones dieron a Daniel la confianza que Dios está en control y que reina sobre toda actividad humana incluyendo las naciones, el pueblo de Israel y los gentiles.

**Autor:**
Daniel el profeta

**A quién se le escribió:**
A los cautivos de Babilonia y todo el pueblo de Dios en todo el mundo.

**Fecha:**
Aproximadamente 535 a.C. Contiene hechos que ocurrieron cerca de 605-535 a.C.

**Personajes del libro:**
Daniel, Nabucodonosor, Sadrac, Mesac, Abednego, Belsasar, Darío y Ciro.

**Acontecimientos especiales:**
Daniel describe las visiones apocalípticas (8-12), da una visión panorámica del plan de Dios a través de los siglos incluyendo predicciones directas de Cristo como Mesías.

# El libro de Daniel

Este capítulo está dividido en varias partes que están entrelazadas entre sí. Primero, Daniel señala la época cuando ocurren los hechos: «En el año tercero del reinado del rey Joacim de Judá» (v. 1). De inmediato introduce a Nabucodonosor como un invasor de Jerusalén y establece que Dios no da protección a Joacim el rey. «El Señor permitió que Joacín cayera en manos de Nabucodonosor.» Como resultado de esto, los utensilios sagrados fueron saqueados del templo y llevados a Babilonia junto con los jóvenes más ilustres del pueblo (vv. 3, 4). En Babilonia, Daniel y sus compañeros asumen una actitud de fidelidad a su Dios en tierra extraña.

## EL CAUTIVERIO

Con el cautiverio de los judíos por Nabucodonosor de Babilonia, comenzó un período llamado «los tiempos de los gentiles» (2 Crónicas 36:1-21). Esta época se puede identificar hasta hoy a través de la historia, como un cumplimiento de lo que Jesús dijo en Lucas 21:24: «Los gentiles pisotearán a Jerusalén, hasta que se cumplan los tiempos señalados para ellos».

Este tiempo de dominio gentil continuará hasta la venida de Cristo para reinar sobre el mundo y como lo describe Daniel a Nabucodonosor al interpretar el sueño de la estatua, habrá una destrucción de los poderes mundiales cumpliéndose así Daniel 2:45: «El gran Dios le ha mostrado a Su Majestad lo que tendrá lugar en el futuro».

## EL TIEMPO Y LA PLENITUD DE LOS GENTILES

Al estudiar el libro de Daniel, es preciso entender la diferencia entre «el tiempo de los gentiles» y «la plenitud de los gentiles» (Romanos 11.25). Esta última frase, tiene que ver con el número de los gentiles que el Señor está añadiendo a su iglesia, y terminará cuando el Señor arrebate a su iglesia de esta tierra. Esto acontecerá algunos años antes del cumplimiento de «los tiempos de los gentiles». Este tiempo se puede definir como el trato político, mientras que «la plenitud» se define en términos espirituales (Hechos 15:14).

En este primer capítulo de Daniel se encuentran grandes profecías cumplidas con relación a Israel. Por ejemplo, Jeremías 25:11 dice: «Todo este país quedará reducido a horror y desolación, y estas naciones servirán al rey de Babilonia durante setenta años.» En Levítico 25: 1-7 encontramos la ley sobre los «reposos de la tierra», y debido a que Israel defraudó al Señor en estos reposos y en otras transgresiones tuvo que sufrir un cautiverio de setenta años. Isaías 39:17 profetizó lo siguiente: «Y algunos de tus hijos y de tus descendientes serán llevados para servir como eunucos en el palacio del rey de Babilonia.» Estas profecías se pueden ver cumplidas en el capítulo 1:3-5 de Daniel.

En la historia vemos el esfuerzo de Nabucodonosor para acelerar la asimilación religiosa y cultural de Daniel y sus compañeros hebreos estando en Babilonia. Tenía una intención diabólica de borrar de ellos las memorias y experiencias de Jerusalén y del templo. Quería quitarle la fe a estos jóvenes y unirlos a la política y al medio del mundo babilónico.

### EL CAMBIO DE NOMBRES

Los nombres de estos hebreos tenían un significado religioso unido a la experiencia que sus padres demostraron con su fe en Dios. Daniel significaba «Dios es mi juez», y se le cambió a Beltasar que significa «El principe de Bel» (Bel era una deidad pagana); Ananías significaba «Amado del Señor» y se le cambió a Sadrac que quiere decir «iluminado por el sol»; Misael que significaba «quién es como Dios» se le cambió a Mesac que quiere decir «quién es como Venus» y por último a Azarías que significaba «El Señor es mi ayudador» se le cambió a Abed-nego que quiere decir dioses falsos de los babilonios. Tanto Daniel como sus compañeros nunca rindieron culto a esos dioses ni negaron el origen espiritual de sus nombres nativos. Ellos permanecieron fieles y leales al solo Dios verdadero y decidieron no cambiar su estilo de vida.

### CONCLUSIÓN

En este capítulo aprendimos que Daniel «se quedó en Babilonia hasta el primer año del rey Ciro» (v. 21). Vivió hasta ver el regreso del cautiverio de su pueblo a Palestina. Como vimos él fue el instrumento que Dios usó para persuadir al rey Ciro, el persa, a decretar el regreso de Israel a Jerusalén. Para profundizar en el estudio de este capítulo sería bueno investigar los libros de: Esdras y Nehemías.

Daniel sirvió como profeta cuando el pueblo de Judá estaba exiliado en una tierra totalmente extraña (605-536 a.C). Su mensaje fue que Dios es Soberano en la historia humana, ayer, hoy y para siempre. Los profetas que se consideran contemporáneos a él fueron Jeremías (627-586), Habacuc (612-588) y Ezequiel (597-571).

### PREGUNTAS PARA ESTUDIO

Después de estudiar este capítulo, conteste las siguientes preguntas como repaso.

1. Describa las partes en que se divide este capítulo.

2. ¿Cúal es la diferencia profética entre «los tiempos de los gentiles» y la «plenitud de los gentiles». Base su respuesta en las Escrituras.

3. Explique las profecías que se cumplieron con el cautiverio de Israel.

4. Explique el proceso de asimilación que Nabucodonosor se propuso seguir con Daniel y los Hebreos.

*Trayectoria recorrida por Daniel y los hebreos al ser llevados en cautiverio por Nabucodonosor a Babilonia*

# Capítulo 2

# El sueño de Nabucodonosor

Este capítulo es uno de los más importantes en la literatura apocalíptica. Se considera el ABC de la profecía y el fundamento de todas las visiones de Daniel. Consta de cinco grandes divisiones:

1. El sueño de Nabucodonosor (vv. 15-16).
2. La reunión de oración y la respuesta divina (vv. 17-24).
3. Daniel en el palacio delante del rey (vv. 25-30).
4. La revelación e interpretación del sueño (vv. 31-45).
5. El efecto de la interpretación en el rey Nabucodonosor (vv. 46-49).

Una vez más, el escritor nos expone cronológicamente los hechos y los lugares donde toma parte la historia. «En el segundo año del reinado de Nabucodonosor», entre los años 603 y 602 a.C. En esta época este rey fue uno de los primeros en concebir la idea de «Naciones Unidas». Bajo su reinado, él unificó todas las naciones de importancia de su día. «Ahora mismo entrego todos estos países en manos de mi siervo Nabucodonosor ... Todas las naciones le servirán a él» (Jeremías 27:6,7). Después de conquistar a Jerusalén y el dominio de otras naciones, pensaba en la universalidad y el futuro de su imperio.

## EL SUEÑO DE NABUCODONOSOR

Este sueño y su interpretación fue el principio de un diálogo entre Daniel y el rey. Los sueños, según las costumbres, se aceptaban como un mensaje de los dioses y los expertos que estaban alrededor del rey daban las interpretaciones. En la Biblia encontramos a personas que recibieron sueños directos de Dios. Jacobo (Génesis 28:10-15); José (Génesis 37:5-11); el copero de faraón y el panadero (Génesis 40); Faraón (Génesis 41); Salomón (1 Reyes 28:10-15); José (Mateo 1.20-24).

El rey Nabucodonosor se perturbó por el sueño y llamó a los sabios para que se lo explicaran (v. 2). Cuando aparecieron delante de él, no les pide solo que le den la interpretación sino les exige que le digan el sueño. Los sabios le declaran lo siguiente: «¡No hay nadie en la tierra capaz de hacer lo que Su Majestad nos pide! ¡Jamás a ningún rey se le ha ocurrido pedirle tal cosa a ningún mago, hechicero o astrólogo¡» Al oír esto, el rey enojado manda que todo sabio fuera ejecutado.

## DANIEL Y SUS COMPAÑEROS

Parece que Daniel y sus compañeros fueron incluidos en la orden de Nabucodonosor de matar a los sabios de Babilonia. Ellos no estuvieron presentes en la conferencia de los sabios con el rey para saber del sueño y darle su interpretación. Daniel se mantuvo firme y calmado y pidió al rey que aplazara la muerte de los sabios. Al tener más tiempo, Daniel y sus compañeros convocaron a una reunión de oración para pedir a su Dios que le diera el sueño y la interpretación. Dios no se demoró en revelarle el significado del sueño. Daniel le dijo a Arioc: «No mates a los sabios babilonios. Llévame ante el rey, y le interpretaré el sueño que tuvo» (v. 24).

Entonces llevaron a Daniel a la presencia del rey y este le relata el sueño y la interpretación. La respuesta de Daniel se encuentra en los versículos 27 y 28: «No hay ningún sabio ni hechicero, ni mago o adivino, que pueda explicarle a Su Majestad el misterio que le preocupa. Pero hay un Dios en el cielo que revela los misterios. Ese Dios le ha mostrado a usted lo que tendrá lugar en los días venideros. Éstos son el sueño y las visiones que pasaron por la mente de Su Majestad mientras dormía: Allí, en su cama.»

En el libro hay un dibujo gráfico con el título «PLAN DIVINO DE

LOS TIEMPOS» es importante que el estudiante o lector se familiarice con él para entender el significado de los sueños de Nabucodonosor y la interpretación de Daniel. En la gráfica hay tres columnas. En la columna de la izquierda se encuentra el territorio que cubrían los diferentes reinos. En la del medio está el dibujo de la estatua colosal que soñó Nabucodonosor fabricada de diferentes metales, y a la derecha está el sueño de Daniel del capítulo siete, con la bestia deforme y el reino que representa.

**DESCRIPCIÓN DE LA ESTATUA Y SU SIGNIFICADO:**
**LA CABEZA DE ORO:** Representa a Nabucodonosor y su imperio sobre Babilonia.

**EL PECHO Y LOS BRAZOS DE PLATA:** Representan el Imperio de los Medos y Persas quienes conquistaron a Babilonia en 539 a.c.

**EL VIENTRE Y LOS MUSLOS DE BRONCE:** Representan al Imperio Romano quien conquistó a Grecia en 63 a.c.

**LAS PIERNAS Y LA MITAD DE LOS PIES ERAN DE HIERRO. LA OTRA MITAD DE LOS PIES DE BARRO COCIDO:** Representan la fragmentación de la Roma dividida entre naciones fuertes y débiles.

**LA ROCA DE LA MONTAÑA:** Representa el advenimiento de Cristo como Mesías quien reinará como Rey de reyes y Señor de señores.

«El gran Dios le ha mostrado a Su Majestad lo que tendrá lugar en el futuro. El sueño es verdadero, y esta interpretación, digna de confianza» (v. 45).

Debemos de notar cómo los metales que componen la estatua van mermando en valor, calidad y fuerza. Esto significa debilidad, degeneración y ruina en los reinos. No hay progreso como el hombre supone, todo irá de mal en peor hasta que, al final la roca «roca que hiere» los reinos y las naciones serán ahuyentadas como «paja arrastrada por el viento» (Salmo 1:4; Isaías 17:12-14).

Una vez más, la parte superior de la estatua estaba compuesta por unidades. No había divisiones en los reinos que representaba. Babilonia, Medo-Persa y Grecia estaban unidos tanto en política como en religión. Esta solidaridad se desvanece al aparecer las piernas de la estatua. En este momento cuando se pierde la unidad y fuerza de los imperios (v. 41).

## EL REINO DIVIDIDO

Al dividirse el Imperio Romano en dos partes, Oriente y Occidente, Constantinopla llegó a ser la capital del Oriente y Roma la capital del Occidente. Estas dos divisiones produjeron dos religiones anticristianas. Una fue el mahometismo y la otra fue el catolicismo romano y griego. Ambas formaron influencias mundialmente poderosas, pretendiendo el derecho exclusivo de gobernar al mundo. Es el «tiempo de los gentiles» que siempre presentará una resistencia al establecimiento del reino de Dios y su justicia en esta tierra.

Al desplomarse el Imperio Romano aparecieron las naciones de la Europa moderna, cuyas familias gobernantes se mezclaron en matrimonios, pero «que no podrán mantenerse unidas» (v. 43).

Cerca de la Revolución Francesa el hierro del imperialismo se mezcló con el barro de la democracia. Este barro dominó la política del mundo y hasta hoy la mitad de los imperios del antiguo Imperio Romano llegaron a establecer un gobierno demócrata. La historia nos dice que esto sucedió después de la Segunda Guerra Mundial. Sin embargo, todo gobierno es débil y se quiebra muy fácil; unos están en las manos de los gobernantes y otros en las manos del pueblo. El hierro y el barro no se mezclan; por eso se puede observar en todos los gobiernos del mundo la falta de solidaridad. Haga una investigación sobre los siguientes sistemas de gobierno: Demócrata, Comunista, Socialista, Sistema de Gobierno Global e Imperialista.

## LA ROCA, O PIEDRA, DE LA MONTAÑA

Es importante que mencionemos la interpretación de «la roca, o la piedra» como representación de Cristo como Mesías Rey de los Judíos. En el Antiguo Testamento se encuentran varios pasajes que describen esta piedra. «La piedra que desecharon los constructores ha llegado a ser la piedra angular» (Salmo 118:22). «Por eso dice el Señor omnipotente: ¡Yo pongo en Sión una piedra probada!, piedra angular y preciosa para un cimiento firme; el que confíe no andará desorientado» (Isaías 28:16).

Los diez dedos de la estatua simbolizan el tiempo final de los gentiles y será en los días de los dedos cuando la piedra descenderá y Dios establecerá un reino que nunca será destruido (v. 44). Hay en la Biblia escrituras que deben estudiarse para ver el gran significado de «la piedra»; (Génesis 49:24; Mateo 21:42-44; Hechos 4:10-12; 2 Pedro 2:4-8).

¿Cuándo hiere la roca a la estatua? Muchos interpretan que la roca hirió a la estatua durante el nacimiento de Cristo. La Biblia no nos da una base para creer esto. En la historia hay hechos trascendentales y muchos creen que estos coinciden con el momento en que la roca hirió a la estatua. Nosotros no creemos que fue cuando Jerusalén fue destruida por los ejércitos romanos y los judíos fueron dispersos; ni que fue durante el edicto del rey Constantino, transformado el Imperio Romano Cristiano por la ley; ni que fue en los días de la reforma, bajo Martín Lutero. Aceptamos que la «roca» herirá a la estatua cuando Cristo establezca su reino. «En los días de estos reyes el Dios del cielo establecerá un reino que jamás será destruido ni entregado a otro pueblo, sino que permanecerá para siempre y hará pedazos a todos estos reinos. Tal es el sentido del sueño donde la roca se desprendía de una montaña; roca que, sin la intervención de nadie, hizo añicos al hierro, al bronce, al barro, a la plata y al oro» (vv. 44.45).

## CONCLUSIÓN

El cambio que provocó en Nabucodonosor la interpretación de la estatua de Daniel fue grande. Los versículos 46 y 49 nos dicen que él reconoce al Dios de Daniel de tres maneras: Primero, como el Padre (Dioses de dioses); segundo, como Hijo (Señor de señores) y por último, como Espíritu Santo (revelador de secretos). Aprecia la sabiduría de Daniel de una manera material y pródiga, pero él mismo no tiene un corazón para Dios.

Al final del capítulo, Daniel es exaltado, junto con sus compañeros leales, como sucederá con todos los santos fieles donde quiera que estén.

### PREGUNTAS PARA EL ESTUDIO:

1. Haga un resumen de la importancia que este capítulo tiene en el estudio de las profecías.

2. Analice el diálogo entre Nabucodonosor y Daniel en relación con el gran sueño. Use las Escrituras para este análisis.

3. Explique con sus palabras la preparación de Daniel en términos sicológicos, espirituales y sociales antes de ir ante el rey.

4. Describa el valor político y profético de los metales de la estatua.

5. Describa el simbolismo que hay en este capítulo y cual es su valor espiritual.

# Capítulo 3

# La estatua de Nabucodonosor y el horno en llamas

Este capítulo describe la historia de la estatua áurea que Nabucodonosor edificó y las consecuencias del horno en llamas para aquellos que no se postraran y le adoraran. Esta descripción nos presenta un cuadro en la historia del Pueblo de Dios que revela las condiciones religiosas en el principio del fin de los «tiempos de los gentiles».

Terminamos de ver el capítulo dos (vv. 37, 38) donde se describe principio, desarrollo y fin de Nabucodonosor y su imperio. Muchos comentaristas creen que a raíz de esto, al ver «la cabeza de oro», Nabucodonosor se proyecta a sí mismo viendo

el engrandecimiento y la decadencia de su imperio. Establece un culto religioso universal: «Para celebrar tal dedicación ... magistrados y demás oficiales de las provincias se reunieron ante la estatua» (v. 3). «A ustedes, pueblos, naciones y gentes se les ordena...» (v. 4).

### EL PLAN DE NABUCODONOSOR

En la celebración se usa una música que impacta con instrumentos resonantes y una ceremonia hermosa y elegante del ritualismo babilónico. Esto no solo agradaba al oído sino que creaba un ambiente seductor a las emociones del pueblo.

Como todo lo establecido por Nabucodonosor tenía una sombra ficticia y vacía, la falta de espiritualidad y el adorar a ídolos, hizo a los tres jóvenes hebreos decidir en su corazón no doblegarse a la estatua colosal. Para ellos la idolatría oscurecía la realidad que había un solo Dios Verdadero quien hizo los cielos y la tierra y a quien debe dársele la honra y la gloria (Éxodo 20:5).

Nabucodonosor establece reglas para que obedecieran sus órdenes (v. 3). Todos deberían de adorar a su estatua y el que no lo hiciera sería arrojado de inmediato a un horno en llamas. Manda a edificar una estatua colosal de oro, de veintisiete metros de alto por dos metro y medio de ancho (noventa pies de alto y nueve pies de ancho). El horno era industrial y se usaba en Babilonia para cocer ladrillos y derretir metales. En el versículo 12 se ve a los tres jóvenes hebreos mostrando ciertas cualidades de su carácter espiritual. Primero, demostraron que en su infancia aprendieron que solo debían adorar a un Dios. Segundo, que las circunstancias adversas no alterarían su fidelidad a Dios. Tercero, que no serían víctimas de una religión popular aunque les costara la vida. Por último, ellos mantuvieron su testimonio y la buena confesión, como Jesús lo hizo delante de Pilato (1 Timoteo 6:13) y Pablo ante el concilio (Hechos 23).

## EL HORNO EN LLAMAS, LOS TRES HEBREOS, EL CUARTO VARÓN

Esto enfureció a Nabucodonosor y ordenó de inmediato que calentaran el horno siete veces más de lo habitual. Usó soldados fuertes, esbeltos y vigorosos que tenía en su ejército para atar a estos jóvenes y arrojarlos al horno (vv.13-24). Con rapidez obedecieron sus órdenes y aquellos soldados que echaron a los jóvenes dentro del horno, las llamas lo consumieron y perecieron.

Se cumple la palabra de Apocalipsis 3:10,11,12 que el que guarda la palabra y el que retiene la fe lo hará columna de su templo.

Estos jóvenes fueron guardados de forma maravillosa por su Dios. Mientras que el rey observaba la ejecución de su mandato, se asombra sobremanera al ver que dentro del horno habían cuatro varones paseándose y pregunta: «¿Acaso no eran tres los hombres que atamos y arrojamos al fuego? ... ¡Pues miren! ... Allí en el fuego veo a cuatro hombres, sin ataduras y sin daño alguno, ¡y el cuarto tiene la apariencia de un dios! (vv. 24,25).

Es obvio que al ver una cuarta persona dentro del horno fue para él algo sobrenatural.

Se cree que era el ángel del Señor o la misma persona preencarnada del Hijo de Dios (Génesis 24:7; 48:16; Éxodo 23:20; Salmo 34:7). Cualquiera que fuera, Dios mandó ese visitante celestial para que acompañara a estos fieles testigos en la hora más oscura de sus vidas. «Cuando cruces las aguas, yo estaré contigo; cuando cruces los ríos, no te cubrirán sus aguas; cuando camines por el fuego, no te quemarás ni te abrasarán las llamas» (Isaías 43:2).

Tal fue la impresión de la visión de Nabucodonosor al ver que el fuego no tenía potestad sobre los cuerpos ni la ropa de estos hombres, que se adelantó a la boca del horno y les mandó que salieran. Cuando salieron los jóvenes, este comenzó a bendecir al Dios de Sadrac, Mesac y Abednego, y les confirió honores y galardones. Después advirtió a la gente de su imperio que no hablaría nada contra el Dios de los hebreos.

### LA ABOMINACIÓN, EL CULTO DE CAÍN

Comentaristas eruditos del libro de Daniel declaran que esa estatua que edificó Nabucodonosor es un tipo de la abominación desoladora que habla Cristo en Mateo 24:15 y de la que se menciona en Apocalipsis 13:11-15.

Por lo que vemos, el tiempo de los gentiles, comenzó con la adoración de imágenes y terminará con lo mismo trayendo por consecuencia una religión sin fundamento y universal, que exaltará al hombre y se opondrá a Dios. En la Biblia se describe como el camino de Caín (Judas 11).

Ese culto babilónico de Caín no es irreligioso. En 2 Timoteo 3:5 dice: «Aparentarán ser piadosos», pero a voluntad propia y deliberada pasa por alto la separación que produjo el pecado entre el hombre y su Creador. Las obras no son suficientes en el altar de Dios. Se necesita el sacrificio y ofrenda de un cordero para quitar el pecado (Juan 1:29).

### LA ESTRATEGIA DE NABUCODONOSOR

Nabucodonosor usa la estrategia de una estatua para unir a la nación, solidificar su poder y centralizar la adoración. Escoge la mejor música posible, junto con las ceremonias y el ritualismo más elegante que había para agradar el oído y la vista, y avivar las emociones de los adoradores. Pero todo carecía de la presencia y poder de Dios para que los jóvenes estuvieran satisfechos como adoradores.

Es evidente que en nuestro tiempo existen religiones que no tienen el poder de Dios ni aceptan el sacrificio de Cristo en la cruz para la remisión de pecados. Eso indica cómo se aproxima la gran religión universal del anticristo en los postreros días. Será una combinación del cristianismo apóstata, (tanto papal como protestante) unido a doctrinas como la Ciencia Cristiana, el Humanismo, la Nueva Edad (reencarnación), Mormonismo, Testigos de Jehová, y el Espiritismo, incluyendo todas las religiones paganas del Oriente. La adoración de imágenes que se menciona en Apocalipsis 13:11-18, será una cosa muy prominente en esta nueva religión y resultará en una tiranía y persecución terrible contra los que se opongan.

Durante la Edad Media se desarrolló una gran apostasía en los creyentes dentro de la iglesia pero no negaban el nacimiento virginal de Cristo, ni su sacrificio redentor en la cruz del calvario, ni la infalibilidad de la Biblia. Sin embargo, hoy día los apóstoles y profetas modernos lo hacen con orgullo religioso.

Llegan a ser la iglesia de la Odisea moderna, sin saber que son miserables y pobres, desnudos y ciegos. A pesar de su loada riqueza, y su dicho favorito: «No me hace falta nada», ellos necesitan a Cristo (Apocalipsis 3:17).

### LA EXPERIENCIA DE LOS HEBREOS, LA REALIDAD DEL FUTURO

La presencia y preservación de los jóvenes hebreos en el horno en llamas es una forma de la preservación del remanente fiel de Israel en los «postreros días». Pasarán por el horno ardiendo de aflicción llamado en el Antiguo Testamento: «La angustia de Jacob» (Jeremías 30:1-11); y en el Nuevo Testamento: «La gran tribulación» (Mateo 24:21; Apocalipsis 7:14). Para profundizar se debe leer y estudiar Ezequiel 22:17-22; Zacarías 13:9; Malaquías 3:1-4. Se debe observar en estas escrituras que Israel al final será salvo y aunque pasen por el fuego solo resultará en pérdida de la escoria. Después de esto, invocarán el nombre del Señor y ofrecerán una ofrenda a la justicia, la cual él aceptará. Luego serán como el Job del Antiguo Testamento: «Él, en cambio, conoce mis caminos; si me pusiera a prueba, saldría yo puro como el oro» (Job 23:10).

Cuando los jóvenes hebreos fueron preservados en medio del horno de Nabucodonosor, se cumplió Isaías 43:2; y 54:17. Hubo un cumplimiento parcial de esta profecía en los días de los Césares de Roma, y en su persecución de la parte de la Roma pagana y papal en los siglos dieciséis y diecisiete; pero falta un cumplimiento más grande y completo para Israel que será en el tiempo del anticristo. Algunos serán milagrosamente preservados y pasarán con seguridad por el tiempo de angustia (Daniel 12:1), mientras tanto otros serán resucitados de entre los muertos y recibirán la corona de mártir.

## CONCLUSIÓN

Al final, la victoria de la fe en Dios de estos tres jóvenes hebreos constituye un cuadro gráfico para la iglesia del Señor.

Tanto la iglesia como ellos, será protegida de todo mal; la iglesia, como los hebreos, estará ante un tribunal y será justificada; la iglesia como los hebreos confesará en nombre del Señor con su testimonio y finalmente como ellos, será coronada con justicia por su fe.

### PREGUNTAS PARA EL ESTUDIO

Conteste las siguientes preguntas. Haga referencia a las Escrituras y los comentarios.

1. Defina la actitud de Nabucodonosor al edificar la estatua. ¿Cómo fue su origen y cuáles fueron sus planos de construcción?
2. ¿Qué motivó a Nabucodonosor a castigar a los hebreos y qué significado tiene en la actualidad?
3. Explique qué representa el cuarto varón para los hebreos y para Nabucodonosor en el horno en llamas.
4. ¿Cuál fue la estrategia de Nabucodonosor al edificar la estatua?
5. ¿Qué prueba la preservación de los jóvenes hebreos del fuego?

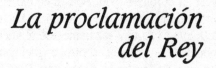

# Capítulo 4

# La proclamación del Rey

Este capítulo se puede dividir en cuatro partes: La introducción, la visión de Nabucodonosor, el árbol colosal en su sueño, el significado del árbol de Daniel y la humillación de Nabucodonosor. Daniel como profeta escritor, describe el testimonio personal de este rey como una narración personal, por eso muchos le llaman El Libro de Daniel.

Daniel, al escribir este capítulo, oye a Nabucodonosor hablar en la primera persona del singular «me es grato darles a conocer» (v. 2). «Yo, Nabucodonosor, estaba en mi palacio feliz y lleno de prosperidad» (v. 4). «Tuve un sueño» (v. 5). «Ordené entonces que vinieran a mi presencia» (v. 6). Usa un estilo literario narrativo y de gran significado que revela a un rey orgulloso que se proyecta a sí mismo.

De la manera que Daniel desarrolla el capítulo, usa el siguiente orden de sucesos como introducción (v. 1-3), la descripción de las circunstancias en el palacio (v. 4-9), el contenido del sueño (vv. 10-18), la interpretación que Daniel hace del sueño y por último la experiencia humillante de Nabucodonosor y su restauración.

## EL SIMBOLISMO EN EL CAPÍTULO

Para facilitar el estudio de este capítulo es necesario definir el simbolismo que Daniel usa para describir la visión que Nabucodonosor tuvo. Daniel usa palabras y frases de un significado simbólico importante. El árbol (vv. 20,21) que simboliza el reino de Nabucodonosor en Babilonia. También, un árbol en la Biblia ejemplifica la vida del hombre, que crece en el tallo, se desarrolla en el follaje y que se contempla en su fruto, pero que su existencia tiene límites (Ezequiel 31.3; Lucas 21:29). El árbol está sujeto a que se corte y se queme «siete años» (v. 23) simboliza un período de tiempo bajo el control o en el plan de Dios. El número siete está asociado con el tiempo que Dios tiene para hacer las cosas como en la Creación. Un tiempo definido que Dios le llama: El tocón de las raíces (v. 23) y simboliza las consecuencias o resultados que quedan después de la vida. Nabucodonosor no termina, sus obras le seguirán (Apocalipsis 14:13).

### SUEÑOS Y VISIONES

Este capítulo es un ejemplo notable de cómo Dios a veces habla a los hombres en visiones y sueños. Habló una vez a Nabucodonosor en el sueño de la estatua del capítulo dos; y ahora, le habla la tercera vez en la visión del árbol. En contraste a su primer sueño, el rey no olvidó este sueño, sino que pudo explicárselo a Daniel con todos sus detalles (vv. 10-17). Al terminar su relato, Daniel quedó «desconcertado por algún tiempo y aterrorizado por sus propios pensamientos» (v. 19), al grado de no poder hablar por la impresión que se llevó. Los estudiantes del libro de Daniel dicen que fue el mensaje negativo que tenía que dar a Nabucodonosor, lo que lo dejó estupefacto. El verdadero significado del sueño viene a la mente de Daniel y mientras oye al rey, una tristeza grande y compasiva surge en su corazón al ver la gran calamidad que está por venir sobre el monarca de Babilonia.

Al notar el rey el cambio en el semblante de Daniel, le suplica que le dé a conocer pronto la interpretación del sueño, lo que cumple Daniel con vacilación. Al finalizar le dice al rey: «Por lo tanto, yo le ruego a Su Majestad aceptar el consejo que le voy a dar: Renuncie usted a sus pecados y actúe con justicia; renuncie a su maldad y sea bondadoso con los oprimidos. Tal vez entonces su prosperidad vuelva a ser la de antes.» El rey no acepta esta súplica de Daniel debido a su arrogancia.

### EL MENSAJE A NABUCODONOSOR

A simple vista se ve, que el rey había alcanzado un tiempo de paz porque dice: «Estaba en mi palacio feliz» (v. 4); de pronto se siente turbado de nuevo por un sueño, y una vez más, llama a Daniel para que se lo interprete. Es fácil reconocer que la soberbia es la razón principal por la que Dios llamó la atención a Nabucodonosor en varias ocasiones: «Para apartarnos de hacer lo malo y alejarnos de la soberbia» (Job 33:14-17).

Doce meses después descendió sobre él, el juicio indicado en el sueño. Tuvo un trastorno mental que lo transformó en una fiera. A consecuencia de esto, sufrió la humillación más vergonzosa de su vida al ser destronado. Por su egoísmo y jactancia perdió su imperio (vv. 28-33).

Después de siete años de esa experiencia degradante, las Escrituras nos dicen que Nabucodonosor alzó sus ojos al cielo y bendijo al altísimo, y fue restituido a su reino, y su majestad y esplendor le fueron dados. Esto es una gran prueba de que Dios ensalza a su debido tiempo al que se humilla (Lucas 18:14; Santiago 4:10).

El árbol se cortó, Babilonia se destruyó, pero las raíces que estaban en la tierra brotaron. Estaba rodeado por un cerco de hierro y bronce. El hierro simboliza firmeza y dureza; y el bronce juicio o justificación. Esto quiere decir que no todas las naciones gentiles serán destruidas por los juicios que descenderán sobre ellas en el tiempo del fin. La destrucción de muchas naciones será causada por su propia apostasía. «Pues cuando tus juicios llegan a al tierra, los habitantes del mundo aprenden lo que es justicia» (Isaías 26:9).

### EL REINO DE CRISTO

Finalmente Cristo establecerá un reino invencible que gobernará a las naciones (Apocalipsis 12:5). (Véanse Isaías 2:2-4; Miqueas 4: 1-5; Zacarías 2:11; 8:22,23).

Muchas naciones gentiles serán preservadas y se unirán a la teocracia que vendrá de Israel; y continuará existiendo durante el reino milenial de Cristo sobre la tierra y participará con el Israel restaurado. El versículo 15 dice: «Deja que se empape con el rocío del cielo.» El rocío es el símbolo de la gracia de Dios (Proverbios 19:12; Oseas 14:5). En el milenio descenderá el favor de Dios tanto sobre Israel como sobre los gentiles como el «vellón de lana» (Jueces 6:36-40; Joel 2:28).

Nabucodonosor aprendió que aunque echó en el horno en llamas a los tres jóvenes hebreos para que se consumieran, por no adorar a su estatua, no estaba bajo su poder. Dios le adviote del peligro que hay en el orgullo y le hace pasar por siete años de locura antes de restaurarlo a su trono. Dios tiene todo bajo su control.

Habitar con las bestias del campo, comer hierbas con los bueyes hasta pasar siete años, muestra la locura de las naciones bestiales durante los tiempos de los gentiles, y sus hechos en la carne (hierba).

Su jactancia dice: «¡Miren la gran Babilonia que he construido como capital del reino! (v. 30), y la visita repentina de juicio sobre él y su reino también ejemplifica el colmo de las jactancias, sueños e ideales del hombre. Un mundo que deja fuera a Dios terminará de repente en confusión y anarquía.

### EL CAMBIO EN NABUCODONOSOR

«Pasado ese tiempo yo, Nabucodonosor elevé los ojos al cielo, y recobré el juicio. Entonces alabé al Altísimo: honré y glorifiqué al que vive para siempre» (vv. 34-37). Se arrepintió de su locura y se sanó (Marcos 5:1-15). Comenzó a alabar y honrar al Rey de los cielos.

Se espera que esto mismo hagan las naciones gentiles. Después de ser humilladas serán juzgadas por el Dios Omnipotente durante la semana septuagésima de Daniel (Véase Apocalipsis 6 al 19). Entonces es cuando vendrá la «restauración de todas las cosas» (Hechos 3:19-21; Cantar de los Cantares 2:12; Salmo 22:27-28).

### PREGUNTAS PARA ESTUDIO:

1. Describa la organización literaria que Daniel usa en este capítulo.
2. Analice el simbolismo que usa para describir la proclamación del rey.
3. ¿Cuál fue la actitud de Daniel ante el rey cuando supo la interpretación?
4. ¿Cuál fue el cambio en Nabucodonosor?

# Capítulo 5

# La fiesta de Belsasar

Para relacionar mejor el estudio entre el capítulo cuatro y el cinco, es importante conocer los reyes que gobernaron en Babilonia después de Nabucodonosor. Si no lo hacemos damos un salto histórico y literario a un tiempo que nos dará un cuadro incompleto. Después de Nabucodonosor, según los manuscritos de la historia de Israel, hay cuatro generaciones de reyes que dominaron la civilización babilónica. A continuación relacionamos los nombres de estos y el tiempo en que reinaron:

El rey Evil Meroda, hijo de Nabucodonosor, reinó del año 561 hasta 559 d.C.

El rey Neriglisar, cuñado de Evil Merodac, subió al trono en 559 a.C, después de morir Merodac.

El rey Laboroso-Archod, hijo de Ner, reinó un año después de la muerte de su padre.

El rey Nabonido tomó el trono en 552 a.C. y reinó hasta 538 a.C.

Con su hijo Belsasar en segundo lugar.

## EL REINO Y BANQUETE DE BELSASAR

En el año 538 a.C., setenta y ocho años después de llevar cautivos a Babilonia a Daniel y sus compañeros, Belsasar celebra un banquete lujoso y desenfrenado que reflejaba su espíritu pagano. Era más que todo una blasfemia a la religión y al Dios de los hebreos. Algunos comentaristas señalan que fue un desafío a Dios. Usó el mismo lugar donde se edificó la

Torre de Babel, en vez del lugar donde era tradicional celebrar el culto babilónico.

En esta ocasión, el rey presidía el banquete y estaba rodeado de invitados que pertenecían a la nobleza (v. 1). Llegó el tiempo de brindar y demostrar veneración a los dioses de Babilonia. En su embriaguez, pensó de una manera real y lujosa en entretener a sus invitados y mandó a traer los utensilios y vasos sagrados que el rey Nabucodonosor había saqueado del templo de Jerusalén (v. 2). Después de estar guardados los vasos sagrados cuarenta y siete años, pide que los traigan para embriagarse en una fiesta dedicada a los dioses paganos.

Este cuadro de esplendor y riqueza mundana, se puede ver como un desafío a Dios y como un tiempo de locura por el placer. Se borró de la mente y de los manuscrito cómo Dios humilló a Nabucodonosor, es la cuarta generación y Belsasar comete un sacrilegio con lo más sagrado para el pueblo de Israel.

### LA ESCRITURA EN LA PARED

Belsasar el monarca, como provocación a Dios, ofrece adoración a los ídolos con los vasos sagrados. De repente, llega la intervención de un coro sin sonido de trompeta ni voces y aparecieron unos dedos en la parte blanca de la pared del palacio y escriben cuatro palabras con un mensaje urgente y extraordinario:

### «MENE, MENE, TÉQUEL, PARSIN.»

En este momento las interpretaciones que dio Daniel no se toman en cuenta por esta gente corrupta, glotona y amante del placer. Este incidente basta para atestiguar la nefanda degeneración; al grado de usar a su antojo los utensilios sagrados de oro y de plata que se robaron del Templo de Jehová en Jerusalén.

Daniel ya era un anciano. Los setenta y ocho años de cautiverio estaban a punto de terminar. Pasaron muchos años desde la interpretación del sueño de Nabucodonosor. Con paciencia y en reclusión voluntaria esperaba cualquier otro servicio que Dios demandara de él.

Después de varios años de oscuridad, Dios tiene todavía una obra para su siervo, su profeta y su mensajero. En los últimos días del reino, cuando la cautividad de Israel estaba casi al terminar, Dios todavía lo necesitaba. Debemos de encontrar una analogía en este incidente histórico, según las Escrituras, vendrá en el futuro un tiempo cuando los escogidos del Señor serán necesitados y descubiertos.

## LA REINA RECUERDA A DANIEL

Notemos cómo una anciana, la madre reina, quien indudablemente no le gustaba la vida de fiestas y banquetes desordenados, llama la atención al rey del olvido de Daniel; el único según ella, que podría descifrar la escritura en la pared «En el reino Su Majestad hay un hombre en quien reposa el espíritu de los santos dioses» (v. 11).

Y estando el rey en gran confusión, la reina sabe a quién y a dónde ir por la respuesta. La escritura en la pared estaba «a la luz de las lámparas» (v. 5). Representando al verdadero creyente «brillan como estrellas en el firmamento» (Filipenses 2.15).

Mandaron a traer a Daniel a la sala del banquete donde estaba el rey. En esa epoca tendría ochenta y siete años de edad aproximadamente. No se explica por qué Belsasar no lo tenía en mente en esta ocasión tan crucial e importante. Daniel desprecia la oferta de galardones y regalos y se propone darles solamente el verdadero significado de la escritura misteriosa en la pared; pero antes de hacerlo, llama la atención al rey con relación a la respuesta que Dios le dio a Nabucodonosor y a su imperio.

Le recuerda a Belsasar que a pesar de todo, no aprovechó dichas lecciones: «Tus dones sean para ti, y da tus recompensas a otros. Leeré la escritura al rey ... El Altísimo Dios, oh rey, dio a Nabucodonosor tu padre el reino y la grandeza, la gloria y la majestad.»

## DANIEL TRADUCE LA INSCRIPCIÓN

Daniel le asegura al rey «que Dios ha enviado esa mano» y que tres palabras salen al relieve: contado, pesado y dividido (vv. 25-28). La interpretación tiene tres partes determinantes:

Primero: Dios tiene contados los años del Imperio de Babilonia para terminarlo. Segundo: Su majestad ha sido puesto en la balanza, y no pesa lo que debería pesar. Tercero: El reino de Su Majestad se ha dividido, y ha sido entregado a medos y persas.

Nótese otra vez que «apareció una mano ... a la luz de las lámparas» al principio de la hora final de Babilonia. La misma palabra aquí traducida como «dedos» (v. 5), está traducida «dedos» en el capítulo 2:41,42 (dedos de los pies). Ambos términos simbolizan en fin del gentilismo.

## SIMILITUDES PROFÉTICAS

Nótese a este nivel del estudio que los tiempos de los gentiles y el castigo de Israel es un período de «siete veces (tiempos)» (Levítico 26:24). Un tiempo es un año y siete tiempos son siete años. Un año profético son trescientos sesenta días, y si tomamos «un día por año» (Números 14:34; Ezequiel 4:6), trescientos sesenta días serían igual a trescientos sesenta años. Luego, «siete veces» son trescientos sesenta años que multiplicados por siete, son dos mil quinientos veinte años, lo cual creemos que es lo que comprende el período de los gentiles. Es significativo también que desde el año 606 a.C., la fecha del cautiverio de los judíos por Nabucodonosor, y el principio de los tiempos de los gentiles hasta el año 1914 d.C cuando comenzó la guerra mundial, son exactamente dos mil quinientos veinte años. Tal vez esto parezca una coincidencia, pero sabemos que Dios guarda un calendario exacto de acontecimientos universales.

Todo el estudiante de profecía que sea abnegado, debe identificarse con las siguientes referencias bíblicas: Isaías 13—14, y 21:1-10; Jeremías 50—51. Estas referencias enseñan que en un momento sucederá la conquista de Babilonia. Será por la soberanía divina que tendrá un gran efecto en la humanidad de las naciones del mundo y al final será de gran significado en las relaciones de los judíos: «¡Giman, que el día del Señor, está cerca! Llega de parte del Todopoderoso como una devastación ... Babilonia, la perla de los reinos, la gloria y el orgullo de los caldeos quedará como Sodoma y Gomorra cuando Dios la destruyó» (Isaías 13:16,19).

## CONQUISTA DE BABILONIA

Las profecías afirman que la caída de Babilonia sería de noche. No hubo resistencia alguna; Ciro el capitán de las fuerzas combinadas de Medos y Persas, desvió las aguas del Éufrates que fluían por en medio de la ciudad, secando así sus avenidas. Una vez que el río se seco, Ciro pudo marchar dentro de la ciudad con sus tropas: «¡Ahí viene un hombre en un carro de combate tirado por caballos! Y éste es su mensaje: «¡Ha caído! Ha caído la gran Babilonia! Se ha convertido en morada de demonios y en guarida de todo espíritu maligno» Apocalipsis 18:2.

## CONCLUSIÓN

La lección principal en este capítulo es el énfasis que el Hijo de Dios es el Soberano en esta tierra. No solo los individuos sin jerarquía son responsables de su conducta ante Dios, sino también los monarcas, potentados, gobernadores de imperios y toda autoridad en la tierra es responsable ante el Todopoderoso.

## PREGUNTAS PARA ESTUDIO

1. ¿Cómo se puede evitar el salto histórico entre el capítulo 4 y 5 ?

2. Describa el banquete del rey social, espiritual y sicológicamente.

3. Explique la reclusión y aparición de Daniel en esta época.

4. ¿Cuáles son los tres elementos en la escritura en la pared?

# Capítulo 6

## El foso de los leones

En este capítulo sería bueno hacer un resumen de los reinados en que Daniel sirvió:

| Reinado de: | Imperio: | Capítulos: | Sucesos: |
|---|---|---|---|
| Nabucodonosor | Babilonia | 1-4 | Daniel y sus compañeros |
| Belsasar | Babilonia | 5,7,8 | Daniel lee las Escrituras |
| Darío | Medo-Persa | 6,9 | Daniel arrojado al foso |
| Ciro | Medo-Persa | 10-12 | El regreso del cautiverio |

Termina la historia de Babilonia la «cabeza de oro» en los dos últimos versículos del capítulo cinco, y «el pecho y los brazos de plata» aparecen en este capítulo seis. Tenemos la famosa historia de Daniel en el foso de los leones.

### DANIEL CONTINÚA EN EL PALACIO

Daniel continúa ocupando uno de los puestos más prominentes en el palacio, pues Belsasar le nombró tercer gobernante antes de la caída de Babilonia. Darío, el Medo, sucesor de Belsasar, lo encontró en este puesto importante cuando él vino para establecer el nuevo imperio. Le plació que Daniel ocupara este puesto, ya que tenía influencia y más que todo por su eficiencia administrativa:

«Y tanto se distinguió Daniel por sus extraordinarias cualidades administrativas, que el rey pensó en ponerlo al frente de todo el reino» (v. 3).

Esto provocó un espíritu de celos y envidia entre los demás oficiales del imperio que determinaron quitar a Daniel.

Lo velaron de cerca en sus responsabilidades del reino, esperando encontrarle en algún error. Y así, quejarse con el rey para quitarlo del puesto. Mientras tanto, Daniel debido a su honradez e integridad no les dio lugar para que lo hallaran en falta alguna «nunca encontraremos nada de qué acusar a Daniel, a no ser algo relacionado con la ley de su Dios» (v. 5).

## EL COMPLOT CONTRA DANIEL

Al no encontrar falta alguna en la administración de Daniel, se propusieron buscar algo en su vida religiosa y consagrada a su Dios. «Durante los próximos treinta días, sea arrojado al foso de los leones todo el que adore a cualquier dios u hombre que no sea Su Majestad.» (v. 7). Ellos sabían bien que Daniel tenía la costumbre de orar tres veces al día a Jehová, con las ventanas abiertas hacia Jerusalén. El motivo por el que oraba así Daniel podemos encontrarlo en: (2 Crónicas 6:36-39; Salmo 122:6; Salmo 137:5,6).

Los autores de este complot, cuando vinieron ante el rey mintieron al decir «todo el que adore» (v. 7), los oficiales estaban de acuerdo, ya que se reunieron entre ellos y dejaron a Daniel fuera. El rey al no saber de esto voluntariamente firmó el edicto pensando que era divino y que podía ser una deidad.

Este concepto de glorificación entre los reyes y gobernantes siempre fue un factor importante en los imperios y gobiernos gentiles. Primero con Nabucodonosor, capítulo 1, luego con Darío capítulo 4; después con Antíoco Epífanes, capítulo 8; y más tarde en los Césares de Roma. Todos pretendieron honores divinos. A partir de ahí, el Papa en el romanismo, y el hombre líder en el protestantismo, corren el peligro de terminar en el hombre de perdición, en el anticristo, en los postreros días. Estúdiese los siguientes pasajes: (2 Tesalonicenses 2:4; Daniel 11:36,37). Al hombre le place pensar de sí mismo como un dios (Génesis 3:5).

## DANIEL CONTINÚA ORANDO A SU DIOS

Al conocer Daniel que el decreto se firmó, entró en su casa y con la ventana de su habitación abierta oró a su Dios como hacía siempre y como si no existiera ningún decreto: «Y encontraron a Daniel orando e implorando la ayuda de Dios» (v. 11). Cuando llegaron los espías lo descubrieron orando, y apresuradamente fueron al rey con la noticia. El plan tuvo éxito, le acusaron delante del rey diciéndole cómo su oficial predilecto desobedeció sus órdenes. El rey se da cuenta de que él también fue víctima del complot y busca la manera de librar a Daniel, pero fue en vano. «Cuando el rey escuchó esto se deprimió mucho y se propuso salvar a Daniel, así que durante todo el día buscó la forma de salvarlo» (v. 14). Según la ley de los medos y persas este decreto no podía ser derogado, y el rey con gran sentimiento dio órdenes de arrojar a Daniel en el foso de los leones (vv. 10-16).

En las selvas de Mesopotamia habían animales salvajes que tenían a las gentes aterrorizadas por su ferocidad. Algunos reyes los cazaban como trofeos de deporte. Los persas los capturaban y los ponían en parques zoológicos donde los cuidaban, los alimentaban y los exibían. También los leones lo usaban para la ejecución de aquellos que quebrantaban la ley de los medos y persas.

Daniel como víctima fue echado en el foso de los leones y trajeron una piedra para colocarla sobre la boca del foso, la cual el rey selló con su propio anillo y los anillos de los oficiales, para así estar seguro de que nadie intentaría librarle. El rey se fue triste a su palacio «y pasó la noche sin comer ... y hasta el sueño se le fue» (v. 17).

## SIMBOLISMO

Así como a Daniel lo pusieron en el foso de los leones, con una piedra en la boca de la entrada para que nadie lo rescatara y como el rey la selló con su propio anillo, y con los anillos de los demás oficiales; así Cristo, el sustituto que murió para satisfacer las demandas de una ley quebrantada por el hombre, fue puesto en un sepulcro (Salmo 22:21), y como Daniel, su sepulcro fue sellado con el sello del rey (Mateo 27:66). También, como Daniel, Jesús no pudo ser dañado por el león que procuraba matarle. La muerte no lo pudo contener (1 Pedro 5:8; Hechos 2:24; Hebreos 2:14,15).

La aplicación dispensacional de este versículo 14 es que Dios está obrando hasta «ponerse el sol de los tiempos de los gentiles», para librar al hombre de la condenación, y a la nación de Israel. Este pueblo está en el foso de los leones de las naciones bestiales, de donde serán librados con toda seguridad al final, en el tiempo escogido por Dios.

La preservación de Daniel en el foso de los leones, es una figura o sombra típica de la preservación de la nación de Israel, mientras están desparramados entre las naciones durante el tiempo de los gentiles. Como se levantó el rey muy de mañana y con toda prisa sacó a Daniel del foso de los leones, es un cuadro profético maravilloso de la resurrección de Israel, que tendrá lugar al cumplirse la plenitud de los tiempos de los gentiles (Romanos 11:25-29; Ezequiel 37:11-14; Salmo 12:5; 102:13-22; Oseas 6:2; Apocalipsis 5:7).

## CONCLUSIÓN

Al fin, el rey reconoce cómo el Dios de Daniel le libertó y escribe un edicto diciendo: «Porque él es el Dios vivo, y permanece para siempre. Su reino jamás será destruido. Él es el Dios viviente y permanece por todos los siglos, y su reino no será jamás destruido, y su dominio perdurará hasta el fin ... ¡Ha salvado a Daniel de las garras de los leones!» (v. 27). Una vez más, una profecía nos indica cómo Dios trabajará en relación con la restauración final de Israel en los días finales de los gentiles. Israel será librado al aceptar la proclamación del «Evangelio del Reino», la cual se acompañará con señales y maravillas (Mateo 10:5-8). También, la prosperidad de Daniel (v. 24), tipifica la propiedad de Israel durante el milenio, junto con la horrible suerte de los enemigos de Daniel, representa a los enemigos y perseguidores de Israel.

PREGUNTAS PARA ESTUDIO
1. Haga un resumen de los diferentes reinos en los que Daniel sirvió y mencione los sucesos más importantes.
2. Describa la relación entre Daniel y los oficiales en el reino.
3. ¿Cuál fue la base de la acusación contra Daniel? y ¿Cuál fue su reacción?
4. Haga una lista de los diferentes símbolos que se encuentran en el capítulo incluyendo su significado.
5. ¿Cuál es el paralelismo entre Daniel en el foso y Cristo en la tumba o sepulcro?

# Capítulo 7

## Las visiones de Daniel, las cuatro bestias

Iniciamos nuestro estudio de la segunda parte del libro de Daniel. Comprende los últimos seis capítulos. Este capítulo antecede cronológicamente al capitulo cinco.

Capítulo 7:1. Este es el primer año del reinado de Belsasar y Daniel es uno de los tres principales administradores en el reino.

### LA PREOCUPACIÓN DE DANIEL

Daniel recluído comienza a pensar en los efectos y consecuencias politicas de los sueños del rey. Como en la roca que le dio a la estatua y la destruyó (Capitulo 2). La incógnita en que tenía en su mente era ¿qué sucederá con Israel en este momento? y ¿cómo será la destrucción que la roca provocará? Dios en su infinita misericordia le revela todo esto a Daniel en una serie de sueños y visiones. Este es el tema central del resto de los capitulos en el libro. A continuación se relacionan las bestias y sus características en la visión de Daniel:

| Visión: | Características: |
|---|---|
| el león | con alas de águila |
| el oso | con tres costillas en su boca |
| el leopardo | con cuatro alas y cuatro cabezas |
| la bestia espantosa | con dientes de hierro, diez cuernos y un cuerno pequeño |

Se debe estudiar el dibujo de la estatua que está en el libro. Es importante tener una idea clara de la relación que este sueño tiene con el de Nabucodonosor en el capítulo dos.

## LAS VISIONES DE DANIEL

En el capítulo siete tenemos cuatro visiones. La primera se ve en los versículos 2-6. La escena es de una gran tempestad: «Y en ella veía al gran mar, agitado por los cuatro vientos del cielo» (v. 2). En medio de esta tempestad, bestias feroces subían de él. El mar simboliza las naciones gentiles (Isaías 17:12; Apocalipsis 17:15). La tempestad significa una gran guerra mundial. Cada una de las bestias que salen del mar, un reino con poder mundial.

Las bestias de este capítulo significan o representan lo mismo que los metales de la estatua del capítulo dos, esto es, las naciones de Babilonia, Medo-Persa, Grecia y Roma. Cada guerra mundial trae por consecuencia otro reino bestial. Este es un cuadro que Dios nos da del gobierno del hombre que se puede identificar como bestial, rapaz, cruel, sanguinario, listos a despedazarse unos a los otros sin misericordia (Salmo 49:12).

## LAS NACIONES MODERNAS Y SUS SÍMBOLOS

Debemos de notar cómo las naciones en el mundo adoptaron de forma inconsciente características que ya Dios les dio.

Veamos cómo en sus símbolos nacionales, hoy en día, escogen los nombres de aves y animales del campo y de la selva. Debe notarse que ninguno escoge a la paloma como símbolo de paz, amor y mansedumbre. Aquí están los emblemas de algunas naciones:

Esto nos indica las tendencias que los hombres y las naciones tienen en sus imperios, dominios y estilos de gobiernos.

## LA PRIMERA BESTIA

La primera bestia en la visión de Daniel es un león que tiene alas de águila. Esta representa el rey de las bestias y de las aves, Babilonia la poderosa, reina de las naciones. Las alas simbolizan el progreso, y cuando dice: «Le arrancaron las alas», habla de su caída y destrucción al final de su historia (v. 4).

## LA SEGUNDA BESTIA

La segunda bestia, el oso, con tres costillas en su boca, y con un lado más alto que el otro, que se le mandó a levantarse y devorar mucha carne, representa al Imperio Medo-Persa, sucesor de Babilonia en el gobierno mundial. El oso es un animal poderoso, lento, que aplasta su presa, que caracterizaba a los Medo-Persas. Sus victorias no eran ganadas con valentía y estrategia, sino por la fuerza con grandes masas de soldados. Por ejemplo, Jerjes mandaba un ejército de dos millones y medio; y otros generales persas mandaban ejércitos de gran fuerza numérica (v. 5).

El lado más alto en la visión del oso simboliza la preponderancia del elemento persa sobre el medo, y las tres costillas representaban la alianza triple de Lidia, Babilonia y Egipto, la cual fue destruída por el oso y su fuerza.

| Nación: | Emblema: |
|---------|----------|
| China | El dragón |
| Rusia | El oso |
| Gran Bretaña | El león |
| Italia | El lobo |
| Grecia | El leopardo |
| Alemania y Australia | El águila con dos cabezas |
| Mexico | La serpiente y el águila |

## LA TERCERA BESTIA

La tercera bestia, el leopardo, era Grecia; y sus cuatro alas (notemos que tiene dos más que Babilonia) significa su progreso ligero. Es un hecho histórico que los ejércitos de Alejandro el Grande eran pequeños, ligeros y bien disciplinados. Estos vencieron al mundo civilizado de sus días. Como un leopardo, los ejércitos griegos asaltaban de repente e inesperadamente sobre su presa, venciéndoles pronto (v. 6).

Las cuatro cabezas del leopardo representan las cuatro divisiones del Imperio de Alejandro: Egipto, Siria, Macedonia y Asia Menor, las cuales llegaron a existir después de la muerte de Alejandro, quien fue sucedido por cuatro de sus principales generales, quienes tomaron para sí una porción del Imperio Griego.

## LA CUARTA BESTIA

En los versículos 7 y 8, Daniel ve la cuarta bestia espantosa y terrible. Tenía diez cuernos, que eran diez reyes (v. 24). Estos reyes son los gobernantes de diez reinos en los cuales se dividirá al final el Imperio Romano. Entre ellos se levantará un nuevo poder, llamado aquí el «cuerno pequeño», que finalmente dejará ver que no es otro sino el «hombre de perdición», el anticristo; las Escrituras nos dice que blasfemará contra Dios y acusará a los santos, hasta que le sobrevenga el juicio de Dios.

En la historia no existió hasta el día de hoy un rey como este.

Ni se formó todavía del Imperio Romano diez reinos de los que saldrá un cuerno pequeño. Este se levantará de en medio de los diez cuernos que representan reinos (cf. Daniel 7-8; con el Apocalipsis 17:12,13). La iglesia católica, en siglos pasados, persiguió a la iglesia y los creyentes, y Mahoma el sucesor espiritual de Antíoco Epífanes (Daniel 8-9), pues ambos son símbolos del anticristo que vendrá.

### EL CUERNO PEQUEÑO

Mientras que Daniel estaba preocupado con la aparición del cuerno pequeño (v. 8), la profecía se cambia al fin de los tiempos. Nos da un escenario similar al que el Apostol Juan vio en Juan 1:14.15. El anciano de días, que representa al Dios Omnipotente, que asigna poder a reinos, a hombres y a quienes él mismo juzgará al fin de los tiempos.

No estamos sugiriendo que el anticristo es el papa de Roma, ni el papado, porque ambos existían antes de la destrucción del Imperio Romano. Este existe aún en las naciones de Europa moderna. También debemos de reconocer que los santos de Daniel siete no son «la iglesia» del Nuevo testamento, sino que son los santos de la tribulación en los fines de los tiempos de los gentiles. Los santos de la iglesia estarán en el cielo durante el período de la gran tribulación, como nos lo hace ver el libro de Apocalipsis.

Es importante notar que la cuarta bestia, Roma, ejerce un gran dominio en los días de la primer y segunda venida de Cristo. En ambas ocasiones, Israel pasa por un período de pruebas y sufrimientos en sus manos.

### EL ANTICRISTO

En los últimos días de los gentiles, el anticristo tomará la dirección política de los «diez reyes», o «diez dedos» que contribuirán al Imperio Romano restaurado (Apocalipsis 17:12,13). El reino de los «diez dedos» es la primera bestia del Apocalipsis 13:1-8. Hay que notar su naturaleza que es una fusión del leopardo, el oso y el león; una combinación de características de Grecia, Medo-Persa y Babilonia.

La influencia de este Imperio Romano restaurado será mundial en su alcance (Daniel 7:23), y será gobernado por una figura de gran control político, comercial y religioso, identificado como el anticristo. Él será amistoso con los judíos sionistas en Palestina. Hará un pacto con ellos para «una semana» pero romperá ese pacto después de tres años y medio (Daniel 9:27). Al principio de la semana, los judíos lo recibirán como Mesías (setenta semanas de Daniel; los últimos siete años del gentilismo), dando cumplimiento así a la profecía de Jesús en Juan 5:43. Después de tres años y medio de paz con ellos, el anticristo se levantará y se volverá en su contra de una manera horrible, porque ellos rehusarán darle culto como su Dios (2 Tesalonicenses 2:4). Luego de inmediato seguirá el cumplimiento de: (Mateo 25:15; 24:21; Jeremías 30:7; Daniel 7:25; y Apocalipsis 13:11,18).

Es en este tiempo que el anticristo tratará de cambiar los tiempos y las leyes que le fueron encomendadas según el versículo 25. Esto significa que él se revelará en su verdadero carácter satánico y volteará toda la ley y orden existente; después que la bestia ha matado a la que está «vestida de escarlata» (Apocalipsis 17:16). Como resultado de todo esto, vendrá una anarquía y gran confusión típica del imperio del anticristo cuyo fin será el golpe de la Piedra Cortada sin Manos (Véanse Daniel 7:26,27 y Apocalipsis 19:11,12).

Regresemos ahora a los versículos 9-12 del capítulo y consideremos la tercera visión de Daniel con más cuidado. La escena es del gran juicio, no del trono blanco de Apocalipsis 20:11-15, sino el juicio de las naciones (Mateo 25:31-46; Joel 3:1,2,11,31,32; Jeremías 30:7,8; Mateo 24:21,22).

El juicio desciende sobre el anticristo y su imperio (cf. v. 11 con Apocalipsis 19:20). Las demás naciones, «las otras bestias» (v. 12), pierden sus derechos soberanos, más se les permite existir como naciones «gobernadas con puño de hierro» (Apocalipsis 12:5), «les fue dada prolongación de vida».

La cuarta visión de Daniel (vv. 13,14). Él ve lo que Juan vio después en Apocalipsis capítulo 5. El Hijo del Hombre es el Mesías de Israel, que recibe su Reino. Después que «la roca» hiere a la estatua vendrá el mundo a ser Reino del Señor. «Y él reinará por los siglos de los siglos» (Apocalipsis 11.15).

Aquí está un paralelo profético y literario entre Daniel y la revelación de Juan el Apóstol. Esto nos indica que tanto el cuerno pequeño y la bestia tienen los mismos rasgos y características.

### PARALELISMO PROFÉTICO
Daniel el Profeta:
Daniel vio la cuarta bestia con diez cuernos (7:7).
El cuerno pequeño tenía ojos y una boca que hablaba (7:8).
El cuerno pequeño «hablaba contra el Altísimo» (7:25).
El cuerno pequeño quebrantaba a los santos del Altísimo (7:25).
El tiempo del dominio del cuerno pequeño es de «un tiempo, dos tiempos y la mitad de un tiempo» (7:25).
Juan el Apóstol:
Juan observa una bestia que sale del mar con diez cuernos, y siete cabezas (13:1).
A la bestia le fue dada boca que hablase grandes cosas y blasfemias (13:5).
La bestia le fue dado que hiciera guerra contra los santos y que prevaleciera sobre ellos (13:7).
La bestia tiene poder durante cuarenta y dos meses (tres años y medio) (13:5).

### PREGUNTAS PARA ESTUDIO
1. Identifique las divisiones en el libro de Daniel.
2. Describa las cuatro visiones de Daniel y dé su significado simbólico.
3. ¿Cuál será el papel del anticristo, y cómo lo podemos identificar?
4. Haga una comparación entre la estatua del capítulo dos y las bestias que Daniel vio.

# Capítulo 8

## Visiones de Daniel, el carnero y el macho cabrío

Como el capítulo siete, este capítulo precede al capítulo cinco; los sueños de Daniel es probable que ocurrieron en el año 551 a.C., cuando Daniel tenía setenta años de edad. Estos dos capítulos, siete y ocho, corresponden al primer y tercer años del reinado de Belsasar y pertenecen cronológicamente entre el capítulo cuatro y cinco. Encontramos detalles históricos sobresalientes y claros de los Imperios de los medo-persas y de los griegos.

Un poco antes de la destrucción de Babilonia, Dios revela a Daniel nuevas cosas sobre el futuro. En este tiempo tiene su residencia en Babilonia pero es llevado en visión a Susa, capital de la provincia de Elam y más tarde capital del Imperio Medo-Persa. En Susa vivía Nehemías y tuvo lugar la historia de Ester y Mardoqueo. Fue una ciudad desarrollada y de mucha sofisticación, usada como fortaleza por los emperadores Persas.

### LAS VISIONES DE DANIEL

La visión concierne al Imperio Medo-Persa y Grecia (vv. 20,21). Y aunque tuvo un cumplimiento parcial en ese tiempo, tendrá uno más amplio al final del tiempo de los gentiles y en el futuro para la Iglesia.

«Me fijé, y vi ante mi un carnero con sus dos cuernos. Estaba junto al río, y tenía cuernos largos. Uno de ellos era más largo, y le había salido después (v. 3).

«Mientras reflexionaba yo al respecto, de pronto surgió del oeste un macho cabrío, con un cuerno enorme entre los ojos» (v. 5).

49

Los dos cuernos representaban los reyes de los medos y los persas (v. 20). El cuerno más grande representaba el constante dominio de los persas bajo Alejandro el Grande.

## CONFLICTO E INTERPRETACIÓN DE LA VISIÓN

El conflicto entre el carnero y el macho cabrío (vv. 3-8), predecía los conflictos entre los ejércitos de los medos y los persas, he incluía a Grecia. «El cuerno notable» del macho cabrío tipificaba a Alejandro el Grande, y el macho cabrío que no tocaba la tierra denotaba el progreso rápido de los ejércitos de Alejandro, como el leopardo con las cuatro alas del capítulo siete. Pronto los ejércitos de Alejandro vencieron a los Medos-Persas y quebraron sus dos cuernos de poder.

En esta época, Grecia llegó a ser una gran potencia mundial y reinó con supremacía por un período de tiempo. Después de la muerte de Alejandro el Grande, su reino fue dividido entre cuatro generales. El significado del versículo ocho se explica con las cuatro divisiones del Imperio Griego, que fueron Egipto, Siria, Macedonia y Asia Menor.

De Siria salió un «cuerno pequeño», y de la historia sabemos que era Antíoco Epífanes, el opresor inhumano y cruel de Israel, y conocido como el anticristo del Antiguo Testamento. «Extendió su poder ... hacia la más hermosa de las tierras» (v. 9) en su conquista de Palestina; y los versículos 10 y 12 nos dicen de su opresión a los príncipes, sacerdotes y rabíes de Israel, y aun de su propia blasfemia contra Jehová Dios. También a la fuerza, descontinuó los servicios sagrados del templo y sustituyó el culto verdadero con un culto idólatra.

## HECHOS HISTÓRICOS PARALELOS

Nos dice la historia como él colocó una estatua de Júpiter Olímpico en el templo de Jerusalén y obligó a todos a adorar a esa deidad pagana. También, sacrificó una cerda en el altar de los holocaustos sagrados, rociando el caldo inmundo dentro del Lugar Santísimo. Y como si esto no fuera suficiente, este terrible opresor impío, cambió la Fiesta de las Enramadas, una fiesta alegre y bonita en una fiesta inmunda y glotona de Baco y forzó a los judíos a celebrarla también.

Por supuesto, a todo esto hicieron resistencia los judíos, pero fue en vano. Más de cien mil de ellos murieron por causa de Antíoco y los demás se sometieron por temor a morir.

Todo esto lo vio Daniel en la visión y fue tan horrible para él ver lo que dice el versículo 27: «Yo, Daniel, quedé exhausto, y durante varios días guardé cama. Luego me levanté para seguir atendiendo los asuntos del reino. Pero la visión me dejó pasmado, pues no lograba comprenderla.» Al final de la visión, Daniel oye una conversación angélical:

«¿Cuánto más va a durar esta visión del sacrificio diario? ... y él dijo: dos mil trescientos días con sus noches?» (vv. 13,14).

Dos mil trescientos días son casi siete años, y sabemos que la opresión de Antíoco Epífanes duró casi los siete años. Judas Macabeo y sus valientes soldados judíos tuvieron éxito en echarle fuera de Palestina. Después regresaron a Jerusalén, e inmediatamente entraron al templo y lo limpiaron y lo purificaron de toda su contaminación, restaurándolo una vez más al verdadero culto de Jehová. Poco después de la purificación del templo, Antíoco Epífanes tuvo una muerte miserable y angustiosa.

Esta historia aunque relata lo pasado, es un cuadro maravilloso del «anticristo» en los últimos días. Se puede ver con claridad el opresor de Israel y su tierra, en el tiempo final de los gentiles.

### EL MENSAJERO DEL CIELO

Lo sabemos por las palabras de Gabriel, el ángel mensajero, quien le dice a Daniel que la visión tiene un significado especial para «el tiempo del fin», «el fin de la indignación» de Dios. Esto será durante la gran tribulación: «Surgirá un rey de rostro adusto, maestro de la intriga, que llegará a tener mucho poder, pero no por sí mismo. Ese rey causará impresionantes destrozos y saldrá airoso en todo lo que emprenda. Destruirá a los poderosos y al pueblo santo. Con astucia propagará el engaño, creyéndose un ser superior. Destruirá a mucha gente que creía estar segura, y se enfrentará al Príncipe de los príncipes, pero será destruido sin la intervención humana (vv. 23-25).

### CONCLUSIÓN

Este opresor de los últimos días de Israel no será vencido por otro Judas Macabeo y una banda de guerreros terrenales, sino por el Señor Jesucristo mismo. Los ejércitos del cielo le seguirán cuando él esté montado en el caballo blanco. Traerá como resultado la batalla del Armagedón, la destrucción de los ejércitos de la bestia y el falso profeta; y estos dos guías blasfemos serán echados vivos al lago de fuego.

En este tiempo vendrá la limpieza y purificación del Santuario y echarán fuera la «abominación desoladora». Luego reinará el Rey de reyes y habrá justicia en la tierra.

### PREGUNTAS PARA ESTUDIO

1. Describa la cronología de los capítulos cinco, seis, siete y ocho.
2. En qué consiste el conflicto en la visión del carnero y macho cabrío.
3. Haga una lista de los acontecimientos históricos que se mencionan en el capítulo.
4. Explique el papel de Antíoco Epífanes y a quién representa.
5. Identifique el mensajero del cielo.

# Capítulo 9

## Visiones de Daniel, las setenta semanas

Esta visión la recibió Daniel durante el tiempo que describe el capítulo seis. Este Darío es la misma persona que menciona el capítulo seis. Daniel después del tremendo impacto de las visiones impresionantes de las bestias horrorosas y deformes, se dedica a buscar la realidad de lo que sucederá a Judá en el cautiverio y después de él. Las preguntas más sobresalientes en la mente de Daniel eran: ¿Cuándo regresaremos a Jerusalén? o ¿Se consumirán las generaciones del pueblo de Israel aquí en Babilonia?

Daniel en los últimos días se preocupó por saber más acerca del futuro de Israel. Le preocupaba la asimilación cultural y espiritual del pueblo en Babilonia. Pensaba, ¿qué sucedería si se perdiere la identidad «pueblo de Dios» y llegaran a ser solo un grupo minoritario en Babilonia?

Como profeta, estadista y escritor, se dedica a la investigación para encontrar la respuesta o definición profética a todas sus incógnitas. A través de un estudio diligente de los libros proféticos, y por medio de la oración encontró lo siguiente: «Todo este país quedará reducido a horror y desolación y estas naciones servirán al rey de Babilonia durante setenta años ... Cuando a Babilonia se le hayan cumplido los setenta años, yo los visitaré; y haré honor a mi promesa en favor de ustedes, y los haré volver a este lugar» (Jeremías 25:11, 12; 29:10).

Para Daniel eran muy importantes los recursos literarios de investigación; algunos en su forma rústica de pergaminos.

Entre los más importantes estaban las profe-cías de Jeremías; también tenía a su alcance los escritos de Isaías, Miqueas, Joel, Abdías, Amós, el Pentateuco y los Salmos. Estos volúmenes formaban una gran biblioteca para el investigador solitario, Daniel, el profeta.

### LA ACTITUD DE DANIEL Y LA ORACIÓN

Para encontrar la respuesta de Dios en su investigación, Daniel se da cuenta, que como siempre, la oración es el mejor recurso para encontrar el favor y la respuesta de Dios. «Entonces me puse a orar y a dirigir mis súplicas al Señor mi Dios. Además de orar, ayuné y me vestí de luto y me senté sobre cenizas.» (v. 3). La experiencia de Daniel en la oración le condujo a buscar las interpretaciones de las señales de los tiempos a la luz de la Palabra de Dios. Su oración tiene cuatro grados de intensidad:

1) La oración como medio común y práctico de comunicarse con su Dios.
2) La oración como súplica por cosas y situaciones presionantes en la vida.
3) La oración junto con el ayuno.
4) La oración de contrición en saco de cilicio y cenizas.

### DANIEL SE IDENTIFICA CON EL PUEBLO

Debemos ver cómo Daniel se incluye con los pecados, flaquezas, fracasos y en la vergüenza del pueblo de Israel. Sabemos que él no faltó a Dios de ninguna manera como hicieron muchos de los personajes del Antiguo Testamento, tales como Abraham, Moisés, David y Salomón. Daniel mantuvo un carácter puro e íntegro ante Dios. Así nos lo describe la Biblia. Sin embargo, toma sobre sí los pecados y la culpa del pueblo. Notemos como usa la primera persona del plural: «Ésta fue la oración y confesión que le hice: » "Señor, Dios grande y terrible, que cumples tu pacto de fidelidad con los que te aman ... Hemos pecado y hecho lo malo; hemos sido malvados y rebeldes; nos hemos apartado de tus mandamientos y de tus leyes.» (v. 4, 5). Daniel sigue la línea de pensamiento que se encuentra en Deuteronomio 28:1: «Si realmente escuchas al Señor tu Dios, y cumples fielmente todos estos mandamientos que hoy te ordeno, el Señor tu Dios te pondrá por encima de todas la naciones de la tierra».

Repentinamente su oración fue interrumpida por la aparición del ángel mensajero Gabriel, quien le informa que desde el principio su oración fue oída y que vino para darle la información y respuesta que él deseaba.

Este mensaje de Gabriel, es una profecía extraordinaria y trascendental, concerniente al futuro de Israel, desde el fin de la cautividad babilónica hasta el tiempo del fin de los tiempos de los gentiles, incluyendo la libertad final de los israelitas. Es el mensaje más importante de la Biblia para entender el propósito de Dios acerca del futuro de Israel.

El mensaje en sí contiene factores cardinales proféticos que deben estudiarse independientemente:
- El regreso del pueblo a Jerusalén de Babilonia
- Jerusalén reedificada
- El primer advenimiento de Cristo, su rechazo y muerte
- La destrucción de Jerusalén y del templo por los romanos en el año 70, seguido por guerras y desolaciones.
- El fin del tiempo de los gentiles y la segunda venida de Cristo.

## LAS SETENTA SEMANAS DE DANIEL

«Setenta semanas han sido decretadas para que tu pueblo y tu santa ciudad pongan fin a sus transgresiones» (v. 24). Este mensaje es exclusivamente para Israel y Jerusalén y no tiene que ver con la Iglesia. Nótense las seis cosas que se cumplirán durante la semana setenta que equivalen a cuatrocientos noventa años. Es un período que tiene por objetivo lo siguiente:

1. Terminar la prevaricación
2. Poner fin al pecado
3. Expiar la iniquidad
4. Traer la justicia perdurable
5. Sellar la visión y la profecía
6. Ungir al Santo de los santos

Hasta el tiempo presente la transgresión de Israel, como nación, no se ha acabado, ni se ha hecho para ellos el «fin a los pecados». La muerte de Cristo en la cruz hizo posible esto, pero antes de que sea una realidad para ellos, cuatrocientos noventa años (sesenta semanas) tendrán que haber pasado. Entonces, estas seis bendiciones serán de ellos. (Véase Números 14:34 y Ezequiel 4:6.)

La descripción de las setenta semanas es una de las explicaciones más extraordinarias en su significado histórico. Se extiende desde el año veinte de Artajerjes hasta el fin del tiempo de los gentiles. Esta profecía se le ha determinado como «la columna vertebral» de la profecía y está dividida en tres partes:

1. Siete semanas, o cuarenta y nueve años;
2. Sesenta y dos semanas o cuatrocientos treinta y cuatro años;
3. Una semana o siete años, un total de cuatrocientos noventa años.

Las setenta empezaron en el mes de Nisán (abril) 445 a.C., fecha cuando se dio la orden de reedificar a Jerusalén. «Le respondí: Si a Su Majestad le parece bien, y si este siervo suyo es digno de su favor, le ruego que me envíe a Judá para reedificar la ciudad donde están los sepulcros de mis padres» (Nehemías 2:5).

Y Daniel 9:25 dice: «Entiende bien lo siguiente: Habrá siete semanas desde la promulgación del decreto que ordena la reconstrucción de Jerusalén hasta la llegada del príncipe elegido. Después de eso, habrá sesenta y dos semanas más. Entonces será reconstruida Jerusalén, con sus calles y murallas. Pero cuando los tiempos apremien.»

Como podemos ver, para edificar la ciudad y reedificar sus muros se requirieron siete semanas o cuarenta y nueve años. Hasta el tiempo que Mesías muere hay sesenta y dos semanas o cuatrocientos treinta y cuatro años (v. 26). Si sumamos estas dos cifras tenemos un total de cuatrocientos ochenta y tres años.

## LA SUMA DE LOS TIEMPOS

La historia comprueba que fueron cuatrocientos ochenta y tres años desde la fecha cuando se dio la orden de reedificir a Jerusalén a la crucifixión de Cristo. Esto nos deja «una semana» solamente, o siete años, de las setenta semanas, o cuatrocientos noventa años; de esta semana debemos de estar conscientes porque tenemos que dar cuenta de ella.

«Después de las sesenta y dos semanas, se le quitará la vida al príncipe elegido» (v. 26). Aquí se nos describe lo que sucederá al final de la semana sesenta y nueve. Esto tuvo su cumplimiento, en parte, en el año 70 d.C., por los ejércitos romanos de Tito y Vaspaciano, pero «el príncipe elegido» es el anticristo final. Los

eruditos en la profecía establecen que la muerte del Mesías aconteció al final de la semana sesenta y nueve. Él no recibió entonces
el reino mesiánico, y el «reloj de la profecía» se detuvo. El curso
de las setenta semanas fue interrumpido.

### TIEMPO QUE DIOS NO TOMA EN CUENTA

Conviene observar un principio importante concerniente a la
cronología profética. Está establecido que Dios nunca cuenta el
tiempo con Israel cuando están fuera de su propia tierra, o fuera
del orden divino. Esta es una verdad importante que hay que
recordar siempre en el estudio de las profecías.

Para ilustrar el tiempo que Dios no cuenta con el pueblo de
Israel, en la Biblia se puede observar cuatro períodos de cuatrocientos noventa años.

1) El período de Abraham al Éxodo fueron cuatrocientos
noventa años, más los quince años en que la esclava Hagar e
Ismael dominaban en la tienda de Abraham, los cuales no se cuentan.

2) El período del Éxodo a la dedicación del Templo de Salomón
fueron cuatrocientos noventa años, más los ciento treinta y un
años de cautiverio en el tiempo de los jueces, los cuales no se
cuentan.

3) La dedicación del Templo al regreso de Babilonia fueron cuatrocientos noventa años, más los setenta años de la cautividad no
se cuenta.

4) Desde el regreso de Babilonia al principio de la Edad milenaria son cuatrocientos noventa años, más los años de la época de
la gracia, durante los cuales Israel está disperso o apenas forman-
do y organizando su nación en Palestina, estos años no se cuentan (Números 6:12).

Al terminarse la semana sesenta y nueve, cuando el Mesías fue
crucificado, Dios dejó de tratar con Israel como nación y comenzó
un tiempo no contado que nos lo describe el libro de los Hechos
como el surgimiento de la Iglesia, un tiempo de evangelización
mundial. En Marcos 16:15 dice que «Dios estaba llevando a cabo
su propósito dentro de un propósito», y en Hechos 15:14 dice
«que tuvo a bien escoger de entre los gentiles un pueblo para
honra de su nombre». Al final de esta obra de evangelización
especial, tomará lugar el rapto de la Iglesia.

En Primera de Tesalonicenses 4:13-18 nos dice: «Hermanos, no queremos que ignoren lo que va a pasar con los que ya han muerto, para que no se entristezcan como esos otros que no tienen esperanza. ¿Acaso no creemos que Jesús murió y resucitó? Así también Dios resucitará con Jesús a los que han muerto en unión con él. Conforme a lo dicho por el Señor, afirmamos que nosotros, los que estemos vivos y hayamos quedado hasta la venida del Señor, de ninguna manera nos adelantaremos a los que hayan muerto. El Señor mismo descenderá del cielo con voz de mando, con voz de arcángel y con trompeta de Dios, y los muertos en Cristo resucitarán primero. Luego los que estemos vivos, los que hayamos quedado, seremos arrebatados junto con ellos en las nubes para encontrarnos con el Señor en el aire. Y así estaremos con el Señor para siempre. Por lo tanto, anímense unos a otros con estas palabras». Entonces el reloj de Israel de la Profecía comenzará a andar otra vez, su último período (la semana setenta) y los últimos siete años de los tiempos de los gentiles habrán corrido su carrera.

## SUCESOS ENTRE LAS SEMANAS SESENTA Y NUEVE Y SETENTA

Entre la semana sesenta y nueve y la setenta, siete cosas importantes habrán de suceder. Muchos de estos acontecimientos, con excepción del último ya se cumplieron.

1. La destrucción de Jerusalén en el año 70 d.C.
2. Los judíos son dispersos.
3. Jerusalén es hollada.
4. La iglesia del Señor es llamada fuera del pecado.
5. La apostasía de los cristianos ocurrirá en la Iglesia.
6. Los judíos en parte regresarán y organizarán su gobierno en Jerusalén.
7. El advenimiento de Cristo para recoger a su iglesia.

También la semana setenta tendrá ciertos sucesos y características que es necesario que aprenda el estudiante de profecía.

1. El anticristo hará un pacto de paz con los judíos.
2. Se darán cuenta que es un pacto falso, una imitación (Jeremías 31:31-34); se quebrará el pacto en medio de la semana (Daniel 9:27; Salmo 55:20,21).

3. Comienza la gran tribulación llamada la Angustia de Jacob. (Jeremías 30:4-11; Isaías 28:14-22; Mateo 24:15-22).

4. El anticristo subirá y tomará poder.

5. Cristo aparece para librar a Israel, lo que se le llamará la batalla de Armagedón.

## CONCLUSIÓN

Estos acontecimientos están registrados como un paralelo en el libro de Apocalipsis 6:1 al 19:21. Explican ámpliamente las setenta semanas. El resultado será seguido por las bendiciones del reino glorioso de Cristo de mil años y en cuyo tiempo «Israel retoñará y florecerá, y llenará el mundo con sus frutos» (Isaías 27:6). Y toda la tierra se llenará de sus bendiciones.

Las seis bendiciones de Daniel 9:24 serán una realidad para Israel. Jerusalén llegará a ser la ciudad del gran Rey; la Iglesia del Señor tendrá su gloria, y la creación que gime será libertada y Dios derramará de su Espíritu sobre toda carne (Joel 2:28).

## PREGUNTAS PARA ESTUDIO

1. ¿En qué consistió la preocupación de Daniel?

2. Al saber Daniel la incertidumbre del pueblo,
   ¿a dónde recurre para encontrar la respuesta?

3. ¿Qué profetas sirvieron como recursos de información?

4. ¿Cuáles fueron las características de la vida de oración de Daniel?

5. Dé las razones ¿por qué Daniel se identifica con el pecado del pueblo?

# Capítulo 10

## La última visión de Daniel

«En el tercer año del reinado de Ciro de Persia, Daniel tuvo una visión acerca de un gran ejército. El mensaje era verdadero, y Daniel, que también se llamaba Beltsasar, pudo comprender su significado en la visión.» (v.1).

A primera vista hay que entender que los capítulos 10, 11 y 12 forman una unidad y que contienen la última visión dada a Daniel.

Dos años antes de los sucesos del capitulo 10 el Rey Ciro de Persia dio la orden de permitir a los judíos volver a Palestina (2 Crónicas 36:22,23; Esdras 1; Isaías 44:28).

### DANIEL ES AFLIGIDO

Después de un período de tres semanas completas «como si estuviera de luto» (v. 2), Daniel nos dice que tuvo una visión de una persona, quien creemos era el Señor Jesucristo glorificado (cf. Daniel 10:5-6 con Apocalipsis 1:12-17). Daniel era el «muy amado» y Juan el «amado discípulo». Ambos vieron la misma visión gloriosa; el uno desde las riberas del río Tigris, y el otro desde la peñascosa isla de Patmos (vv. 4-6).

Al igual que Juan, el profeta del Nuevo Testamento, Daniel quedó sin fuerzas, hasta que un mensajero del cielo le tocó, y lo hizo levantarse (vv. 7-11). Entonces el mensajero angelical procede a darle el último gran mensaje con el que termina el libro de Daniel (vv. 12-13).

Explica que por veintiún días el príncipe de Persia se mantuvo frente a él, de modo que no podía llegar con el mensaje, y no habría podido, a no ser que Miguel, uno de los «príncipes principales» de los ejércitos del cielo y angel guardián de Israel, vino a ayudarle y así vencieron. Esto explica el porqué del sufrimiento de Daniel: «En aquella ocasión yo, Daniel, pasé tres semanas como si estuviera de luto.»

El «Príncipe de Persia» se puede interpretar como el Oficial Comandante de los poderes diabólicos que tenía control de los negocios malvados de Persia (vv. 13,20). «Durante veintiún días el príncipe de Persia se me opuso.» «Él me dijo: ¿Sabes por qué he venido a verte?»

### LOS ÁNGELES GABRIEL Y MIGUEL

Parece que hubo un conflicto entre los espíritus buenos y malos; y la victoria no se decidió hasta que vino Miguel a ayudar a Gabriel, el mensajero, haciendo así posible que llegara a Daniel con el mensaje detenido.

### CONCLUSIÓN

El versículo 14 nos dice muy claro que esta visión se refiere a tiempos remotos o de los últimos días. Se pueden identificar los tres años y medio, la semana septuagésima de Israel. Los últimos días del reinado del anticristo. (Cf. el capítulo 12 de Daniel con el capítulo 12 de Apocalipsis.)

### PREGUNTAS PARA ESTUDIO

1. Explique la relación entre los capítulos 10 al 12.

2. Describa los factores que contribuyeron a la aflicción de Daniel.

3. Compare el impacto de la visión de Daniel y Juan.

4. Describa los ministerios del ángel Gabriel y del ángel Miguel.

# Capítulo IV

## La última visión de Daniel
### (Continuación)

El mensajero angelical reveló a Daniel el futuro de Israel (10:20-21). Solo Dios puede revelar los sucesos futuros. Dios no obra solo en un sentido panorámico en la historia pasada y en la historia futura, sino también pone su atención en los detalles intrínsicos de la vida de los individuos, como los que encontramos en este capítulo. El estudiante aquí va a requerir una dedicación especial debido a su profundo contenido histórico, profético y geográfico. También se debe tener cierta afinidad con la interpretación simbólica y tipográfica del libro.

### PROFECÍAS CUMPLIDAS

Los primeros treinta y cinco versículos de este capítulo contienen el relato de los hechos históricos que ya se cumplieron. Nos dicen doscientos años de guerras que desolaron la tierra de Palestina, se cree que sea Jerjes I (486-465 a.C) el cuarto rey de Persia. Babilonia se vendió por los medo-persas. A estos Grecia los venció bajo Alejandro el Grande, quien conquistó todo el Mediterraneo y las tierras del Medio Este. Después de la muerte de Alejandro el Grande, el reino se dividió en partes. Tolomeo ganó el control de la parte sur de Palestina. Seleuco tomó la parte norte (vv. 1-20).

El versículo 2 relata la sucesión de los reyes de Persia, ellos fueron: Asuero, Artajerjes y Darío Histaspis, (no Darío el Medo).

El cuarto rey fue Jerjes y el capítulo lo describe como un rey inmensamente rico.

El rey poderoso del versículo 3 se cree que es el cuerno notable del macho cabrío del capítulo 8, a saber, Alejandro el Grande. El versículo 4 describe la división en cuatro partes del Imperio Griego al morir Alejandro el Grande. Su reino no lo heredó su familia sino lo tomaron cuatro de sus generales.

## LA EXTENSIÓN DEL REINO

En el versículo 5 el rey del sur, rey de Egipto, con quien Tolomeo Lago estableció un gran dominio que se extendió hasta la India. Los dos que hacen alianza son los reyes del norte (Siria) y del sur (Egipto). Esta alianza se efectuó por el casamiento de la princesa Berenice, hija de Tolomeo II de Egipto, con Antíoco Theos, rey del norte (Siria). El convenio era que este divorciara a su esposa para hacer a uno de los hijos de Berenice heredero del reino, pero no fue así, al morir Tolomeo II, Antíoco Theos llamó a su primera esposa, y Berenice y su hijo fueron envenenados.

En el versísulo 7 el renuevo de sus raíces era un hermano de Berenice, Tolomeo Energetes. El vengó la muerte de su hermana y conquistó a la Siria, luchó contra el rey del norte, y mató la esposa de Antíoco Theos, tomando el puesto de Antioquía.

Tolomeo Energetes cumplió el versículo 8. El rey de Siria organizó una gran invasión, pero fracasó. En el versículo 9 el rey Seleuco Calinico tenía dos hijos. Seleuco III y Antíoco el Grande. El primero hizo guerra contra las provincias egipcias en Asia Menor, pero no tuvo éxito. El otro Antíoco invadió a Egipto y tomó el fuerte de Gaza (v. 10).

En el versículo 11 se encuentra el rey de Egipto que se levanta en contra de Antíoco y lo derrota. El versículo 16 nos describe la invasión de la tierra deseable y el versículo 17, cómo el avanza por medio del casamiento con la hija de Antíoco con Tolomeo Epífanes. Este plan subversivo fracasó también.

Los versículos 18 y 19 describen las conquistas de Antíoco, incluyendo sus afrentas y sus resultados. El versículo 20, nos relata como el Rey Seleuco Filopatro fue envenenado por uno de sus empleados por cobrar grandes impuestos.

## EL CUERNO PEQUEÑO

El «hombre despreciable» del versículo 21 es Antíoco Epífanes, el cuerno pequeño de Daniel 8:9, a quien ya mencionamos. A él a veces se le llama el «anticristo del Antiguo Testamento» y es un tipo verdadero del gran anticristo que aparecerá en el tiempo del fin. Los versículos 21 al 35 se refieren a él y a sus hechos. Debemos de notar cómo él «se apoderó» del reino por medio de halagos, que será exactamente igual a cómo obtendrá el dominio el anticristo final.

Antíoco Epífanes era un hombre perverso que no tenía derecho a la dignidad de ser rey. Era uno de los hijos menores de Antíoco el Grande, pero este se apoderó del reino por medio de adulaciones y engaños. Los versículos 22 y 23 nos dicen de sus éxitos sobre sus enemigos y sus conquistas en Egipto con un ejército pequeño y de otra victoria más, según los versículos 24 al 26. Los dos reyes del versículo 27 son Antíoco Epífanes y su alidao Filometos quienes urdieron un plan en contra de Tolomeo Energetes, pero fracasaron por sus falsedades y mentiras.

## LA DERROTA DE ANTÍOCO EPÍFANES

Los versículos 28 y 29 hablan de su regreso de la expedición con grandes riquezas, marchando a través de Judea haciendo atrocidades con un atentado contra Egipto, pero esta vez no tuvieron éxito como antes.

En el versículo 30 Antíoco Epífanes impedido por una flota romana vuelve a caer sobre Judea para hacer más destrucción y maldades. Los versículos 31 al 34 nos hablan de la condición de los judíos durante el tiempo de Antíoco Epífanes, continuando hasta el tiempo de la «semana septuagésima». Allí se pueden ver dos clases de gente: los que violaron el pacto, o sea, los apóstatas, que se unieron con el enemigo, y un remanente fiel que reconocieron a su Dios y se mantuvieron firmes y fieles. En los días de Antíoco hubo judíos apóstatas y también los fieles Macabeos. En los días finales del anticristo habrá judíos apóstatas y habrá el remanente fiel, los ciento cuarenta y cuatro mil israelitas sellados por Dios, quienes serán fieles a él durante la gran tribulación.

## EL HIJO DE PERDICIÓN

El versículo 35 nos introduce al «tiempo del fin de los gentiles», donde no está incluida la iglesia. El capítulo 12 explicará mejor este acontecimiento. Los versículos 36 al 45 nos dan un cuadro profético final del anticristo, el hombre de pecado y el hijo de perdición. No hay nada en la historia pasada que corresponda a lo profetizado en estos versículos. Él engrandece sobre todo dios, y habla cosas espantosas contra el Dios de los dioses, «y en su lugar honrará ... a un dios que no conocieron sus padres». Se puede identificar a esta persona con la primera bestia del capítulo 13 de Apocalipsis. El versículo 39 muestra que falsificará los galardones que Cristo dará a sus fieles. El anticristo también tratará de recompensar a sus fieles seguidores.

Los versículos 40 al 45 hablan de los conflictos que tendrán lugar en Palestina durante la última mitad de la semana «septuagésima», los cuales terminarán con la batalla de Armagedón y la segunda venida de Cristo con sus huestes innumerables (Apocalipsis 19:11-12).

En este tiempo el anticristo inundará y arrollará muchas tierras; entrará en la tierra hermosa de Palestina y habrá algunas tierras que escaparán, según el capítulo 41. Estas serán «el desierto», un lugar preparado por Dios, como refugio para la mujer (la iglesia, pueblo de Dios) donde ella huirá para protección y socorro durante el período de la gran tribulación (Apocalipsis 12:6,14).

### PREGUNTAS PARA ESTUDIO
1. Describa las profecías en términos geográficos.
2. Haga una lista de los acontecimientos que se cumplieron.
3. ¿Quién fue Alejandro el Grande?
4. ¿Quiénes fueron Tolomeo Energetes, Berenice y Seleuco Calínico?
5. ¿A quién se le llama el anticristo del Antiguo Testamento? ¿Por qué?

# La última visión de Daniel

### (Conclusión)

«**E**ntonces se levantará Miguel ... Habrá un período de angustia, como no lo ha habido jamás desde que las naciones existen. Serán salvados los de tu pueblo, cuyo nombre se halla anotado en el libro» (v. 1).

¿A qué tiempo se refiere? Se refiere al tiempo cuando se levante el anticristo. Se puede ver en 11.36 «El rey hará lo que mejor le parezca. Se exaltará a sí mismo, se creerá superior a todos los dioses, y dirá cosas del Dios de dioses que nadie antes se atrevió a decir. Su éxito durará mientras la ira de Dios no llegue a su colmo, aunque lo que ha de suceder, sucederá.»

## EL PARALELISMO ENTRE DANIEL Y EL APOCALIPSIS

En el capítulo 12 de Daniel tenemos verdades proféticas trascendentales e importantes concernientes a los últimos tres años y medio de los tiempo de los gentiles. A la vez y para una mejor comprensión de estas profecías hay que estudiar paralelamente los capítulos 12, 13 y 19 del Apocalipsis. No se menciona la destrucción final del anticristo en este capítulo pero se describe muy claro en el capítulo 19 de Apocalipsis. Saber el tiempo y su fin como rey es importante.

El versículo 2 de este capítulo, no se refiere a la resurección corporal de toda la gente, tanto justos como injustos, porque sabemos por Apocalipsis 20:5 que habrá a lo menos mil años entre la resurección corporal o física de los muertos justos y de los injustos. Lo que este versículo describe es la condición nacional de Israel durante los tiempos de los gentiles, cuando termine el adormecimiento como nación: «Pero tus muertos vivirán, sus cadáveres volverán a la vida . Tus muertos vivirán; sus cadáveres resucitarán. ¡Despierten y griten de alegría, moradores del polvo! (Isaías 26:11-21). (Véase también Romanos 11.15.)

«Tú, Daniel, guarda estas cosas en secreto y sella el libro hasta la hora final» (v. 4).

«Sigue adelante, Daniel, que estas cosas se mantengan selladas y en secreto hasta que llegue la hora final» (v. 9). En estos versículos se le da la orden a Daniel de cerrar la historia de Israel durante los tiempos de los gentiles. Tanto en Daniel como en el Apolipsis los libros son sellados y tienen que ver con Israel en los tiempos del fin.

## FECHAS CLAVE EN LA PROFECÍA

En los versículos 11 y 12 hay tres fechas determinantes en las profecías de Daniel. Los mil doscientos sesenta días de la gran tribulación, añadidos a treinta días más, hacen mil doscientos noventa días, los treinta días extras serán necesarios para el juicio de las naciones (Mateo 25:31-46) y entonces cuarenta y cinco días más tarde, comienzan las bendiciones plenas del reino milenario para Israel. Notemos que mil doscientos noventa días, más cuarenta y cinco días hacen un total de mil trescientos treinta y cinco días.

### PREGUNTAS DE ESTUDIO
### SOBRE EL LIBRO DE DANIEL

1. Conteste estas preguntas explicando bien el concepto. Dé a la vez la referencia bíblica para apoyar cada respuesta. También debe estar conciente de los significados simbólicos y tipográficos.
2. ¿Qué período comenzó en este tiempo?
3. Defina la diferencia entre plenitud y tiempo de los gentiles
4. Describa el concepto «asimilación» en la actitud de Nabucodonosor.
5. ¿Qué profetas se consideraron contemporáneos a Daniel?
6. ¿Qué significado se le da al capítulo 2 de Daniel en la profecía?

7. Describa cómo incluyeron a Daniel para interpretar el sueño.
8. Describa la estatua y la interpretación de Daniel.
9. Describa los diferentes reinos en la estatua e interpretación de Daniel.
10. Qué simboliza «la roca, o la piedra» de la montaña.
11. Describa la mezcla de los diez dedos y su significado simbólico.
12. Describa el plan de Nabucodonosor al edificar la estatua.
13. Dé tres razones por las que los jóvenes hebreos no adoraron a la estatua.
14. Describa cómo los jóvenes hebreos fueron protegidos del fuego.
15. Haga una lista del simbolismo completo del capítulo cuatro.
16. Encuentre en el capítulo cuatro el establecimiento del reino de Cristo para gobernar a las naciones.
17. Describa la transición entre el reinado de Nabucodonosor y el de Beltsasar, los tiempos y los reyes que le sucedieron.
18. Describa la experiencia de Beltsasar al ver la escritura en la pared.
19. ¿Qué tres palabras sobresalen en la inscripción?
20. ¿En qué consistió el complot contra Daniel?
21. Dé una descripción de las cuatro bestias que vio Daniel.
22. Explique el simbolismo del cuerno pequeño.
23. Haga un paralelo entre el libro de Daniel y el libro de Apocalipsis.
24. Defina el trasfondo histórico de la cuarta bestia.
25. Explique el papel del mensajero del cielo.
26. Dé la definición de las setenta semanas de Daniel.

# Introducción

## *Libro del Apocalipsis*

El Apocalipsis es uno de los libros en el Nuevo Testamento que contiene la más importante literatura apocalíptica y profética. Presenta un panorama claro y excelente del futuro: lo que sucederá a los reinos y gobiernos del mundo, al individuo transgresor de la ley de Dios y a la Iglesia del Señor.

Este libro se conoce con dos títulos: Revelaciones y el Apocalipsis. Este último se define como el de retirar un velo para revelar y ver lo oculto y escondido. Otros investigadores usan una metáfora para describir su importancia y lo ven como un golfo donde los arroyos y ríos de las verdades proféticas del Antiguo Testamento desembocan.

Al fin, en el Apocalipsis, se revelan los destinos de la verdadera iglesia del pecador, el destino de Israel y de las naciones gentiles. El Apocalipsis nos descubre la consumación de las bendiciones gloriosas venideras que se profetizaron en el pasado.

Para estudiar este gran libro con eficacia debemos tener un método o plan y desarrollar un discernimiento espiritual especial. Si no se tiene esmero y objetividad en el estudio de la Palabra de Dios, el estudiante tendrá gran dificultad para entender el libro.

A través de los tiempos los eclesiásticos, para estudiar este libro, tomaron en cuenta varios puntos de vista.

**EL PUNTO DE VISTA PRETÉRITO:** Juan el Apóstol lo escribió para infundir ánimo e inspiración en los creyentes de sus días. Tuvo en cuenta aquellos que estaban bajo persecución en el Imperio Romano. Este método de estudio, también toma en cuenta las profecías que tienen una interpretación tanto inmediatas como futuras.

**EL PUNTO DE VISTA FUTURISTA:** Con excepción de los tres primeros capítulos, Juan describe acontecimientos que ocurrirán al final de la historia. Él explica que el futuro está en las manos de un Dios Soberano.

**EL PUNTO DE VISTA HISTÓRICO:** Juan el Apóstol en el Apocalipsis traza la historia desde sus días hasta la segunda venida de Cristo y la eternidad. Destaca en sus escritos cómo la humanidad se pierde en su pecado día a día. Da a conocer los reyes y sus reinos gobernando en contra de Dios, su pueblo y la iglesia.

**EL PUNTO DE VISTA IDEALISTA:** El libro de Apocalipsis es una representación simbólica de la constante lucha y batalla entre el bien y el mal. Tal vez no se refiera a un simple punto de vista en la historia, pero se puede aplicar a cualquier dispensación. Al leerlo, uno puede ver el pasado, prepararse para el futuro y vivir en obediencia y tranquilidad en el presente.

Nunca hay que evadir el estudio del Apocalipsis aunque parezca difícil. Trate con esmero de entender la revelación que se le dio al apóstol dentro de sus perímetros literarios y en su contexto.

### BOSQUEJO DEL LIBRO EL APOCALIPSIS

**Propósito:** Revelar la autoridad completa de Cristo, advertir a los pecadores y dar esperanza a los creyentes y al pueblo de Israel.

1. Introducción: Juan el apóstol describe la revelación de Dios (1:1-20).
2. Los mensajes a las siete iglesias en Asia (2:1-3:22).
3. Las visiones del futuro (4:1-18:24)
   a. El levantamiento del mal
   b. El Juicio Final
4. El descenso de la Nueva Jerusalén (19:1—22:5).
5. Las promesa y el regreso de Cristo (22:6-21).
6. Las oraciones de los santos a través de los siglos (22.20).

**Conclusión:** Cuando leemos y estudiamos el libro de «Apocalipsis», nos maravillamos junto a Juan del panorama glorioso del plan de Dios revelado. Se puede escuchar la voz de Cristo advirtiendo a las iglesias que hay que arrancar de raíz todo pecado que estorba la relación íntima con el Padre. Por último, hay que tener esperanza. Dios está en control y Cristo asegura que todo aquel que confía en el será salvo.

## DATOS IMPORTANTES SOBRE EL APOCALIPSIS

**Tema Central:** La Revelación de Dios del futuro a los creyentes que componen su iglesia, a los pecadores y su regreso inminente a la tierra.

**Autor:** Juan el amado apóstol del Señor.

¿A quién lo escribió? A las siete iglesias del Asia Menor y a los creyentes en todo el mundo.

**Texto áureo:** «Vengo pronto. Aférrate a lo que tienes para que nadie te quite la corona» (Apocalipsis 3:11).

**Lugares:** La isla de Patmos, las siete iglesias en Asia Menor y la Nueva Jerusalén.

**Tipo de literatura:** Apocalipsis se escribió en forma apocalíptica, un tipo de literatura que usa símbolos e imágenes para comunicar esperanza en medio de la persecución.

## ACONTECIMIENTOS DEL APOCALIPSIS QUE SE ENCUENTRAN EN OTRAS ESCRITURAS:

| Referencias: | Apocalipsis: | Acontecimientos: |
| --- | --- | --- |
| Ezequiel 1:22-28 | 4:23; 10:1,3 | El arco iris, el trono |
| Isaías 53:7 | 5:6-8 | Cristo como el Cordero |
| Salmo 96 | 5:9-14 | Un cántico nuevo |
| Zacarías 1:7-11; 6:1 | 6:1-8 | Caballos y jinetes |
| Isaías 2:19-2 | 6:12; 8:5; 11:13 | Terremotos, temblores |
| Joel 2:28-32; | | |
| Hechos 2:14-21 | 6:12 | La luna en sangre |
| Marcos 13:21-25 | 6:14 | Estrellas cayendo |
| Isaías 34:1-4 | 6:15-17 | El cielo como un rollo |
| Zacarías 1:14-18; | | |
| 1 Tesalonicenses 5:1-3; | | |
| Jeremías 49:35-39 | 7:1 | El juicio de cuatro vientos |
| Lucas 8:26-34 | 9:1,2; 17:3-8 | El abismo |
| Joel 1:2; 2:11 | 9:3-11 | Langosta, plaga |
| Lucas 21:20-24 | 11:1,2 | Ahollar a Jerusalén |
| Zacarías 4 | 11:3-6 | Los dos olivos |
| Daniel 7 | 13:3-6 | La bestia en el mar |

| Referencias: | Apocalipsis: | Acontecimientos: |
| --- | --- | --- |
| 2 Tesalonicenses 3:1-5 | 13:11-15 | Señales y maravillas Echas por la bestia |
| Jeremías 25:15; 9-12 | 14:9-12 | La copa de la ira de Dios |
| Isaías 21:1-10 | 18:2,3 | La caída de Babilonia |
| Mateo 22:1-14 | 19:5-8 | Las bodas del Cordero |
| Ezequiel 38,39 | 20:7-10 | El conflicto Gog y Magog |
| Juan 5:19-30 | 20:11-15 | El juicio a todos |
| Ezequiel 37:21-28 | 21:3 | Dios vive entre nosotros |
| Isaías 25:1-8 | 21:4 | Lágrimas se enjugarán |
| Génesis 2:8-14 | 22:1,2 | El árbol de la vida |
| 1 Corintios 13:11-12 | 22:3-5 | Le veremos cara a cara |
| Daniel 7:18-28 | 22:5 | El creyente reinará con él |

# Capítulo *1*

## *Las cosas que has visto*

El libro del Apocalipsis lo escribió el apóstol San Juan en el año 96 d.C. Se encontraba en la isla de Patmos. El propósito del libro fue revelar el futuro de los cristianos y las cosas que habrían de suceder: «Ésta es la revelación de Jesucristo, que Dios le dio para mostrar a sus siervos lo que sin demora tiene que suceder. Jesucristo envió a su ángel para dar a conocer la revelación a su siervo Juan» (v. 1) Los versículos del 1 al 3 contienen la introducción del libro. Al estudiar este gran libro, hay que tener en cuenta una bendición múltiple para el que lo lee, lo oye y lo guarda (v. 3).

### EL PLAN DE DIOS

El Apocalipsis quita el velo para enseñar a Juan el plan completo de Dios para el fin del mundo; a la vez que da un enfoque de Cristo viniendo de nuevo como una victoria final sobre el mal para establecer su reino.

Los versículos del 4 al 6 contienen saludos a las siete iglesias en Asia Menor. También se consideran una forma de iglesia en sus diferentes condiciones y épocas aquí en la tierra desde tiempos apostólicos hasta que la iglesia sea arrebatada al cielo (caps. 1 y 2).

### LOS OFICIOS DEL SEÑOR JESUCRISTO

Se describe al Padre quien fue, quien es, y quien será. En el versículo 5 se ve al Señor Jesucristo en sus más grandes oficios. Se describe como Profeta, como Sacerdote y como Rey eterno. También, el libro describe los siguientes ministerios del Señor:

1)    «El Fiel Testigo»
2)    «El Verbo de Dios» (Juan 1:1-6,12).
3)    «El Cordero de Dios»
4)    «El Soberano de los de la tierra» (Salmos 22:28).

Como Verbo de Dios, él nos ha hecho hijos de Dios. Juan 1:12. Como Cordero de Dios, él nos ha librado de nuestros pecados con su sangre (Apocalipsis 1:5). Como León de Dios, él nos ha hecho reyes y sacerdotes (Apocalipsis 5:5,9,10).

## NOMBRE DE JESÚS

A través del Apocalipsis, se encuentran un gran número de los nombres dados a Cristo. Estos describen su carácter vívidamente y subrayan sus oficios dentro del plan de Dios.

| Referencia: | Nombres de Jesús: | Referencia: | Nombre de Jesús: |
|---|---|---|---|
| 1:8 | Alfa y Omega | 5:5 | La raíz de David |
| 1:8 | Señor Dios | 5:6 | El Cordero |
| 1:8 | Poderoso | 7:17 | El Pastor |
| 1:13 | Hijo de Hombre | 12:10 | Cristo |
| 1:17 | El Primero y el Último | 19:11 | Fiel y Verdadero |
| 1:18 | El que vive | 19:13 | Palabra de Dios |
| 2:18 | Hijo de Dios | 19:16 | Rey de reyes |
| 3:14 | El Testigo | 19:16 | Señor de señores |
| 4:11 | El Creador | 22:16 | La Estrella Matutina |

## LA VENIDA DE CRISTO

En el versículo 7 se anuncia la segunda venida de Cristo. Su regreso a la tierra como lo profetizó Zacarías 12:10; 14:4. El versículo 9 es una reseña de la tribulación que se levantó durante el tiempo de la iglesia primitiva.

## LA VISIÓN DE UN JUEZ

Los versículos del 9 al 20 describen que Juan vio la visión más grande que ojos humanos jamás vieron. La visión del Hijo del Hombre glorificado en medio de los siete candeleros de oro. Juan no vio a Jesús en su oficio y trabajo de un juez; y como tal, él volverá a la tierra por segunda vez; después que acabe su oficio y trabajo de Sumo Sacerdote, antes que él tome su oficio de Rey Soberano.

## SU MAJESTAD DIVINA

«Vestido de una túnica que le llegaba hasta los pies y ceñido con una banda de oro a la altura del pecho» (v. 13). Se ve vestido de Sumo Sacerdote y Rey como se describe en Éxodo 28 y Zacarías 6:12 y 13. En el versículo 14, dice que: «Su cabellera lucía blanca como la lana, como la nieve.» Esto significa su dignidad como «el anciano de Dios» (Daniel 7:9,10,13,14 y 22).

El versículo 14 también nos dice que sus ojos eran «como llamas de fuego» y significa su poder escudriñador de los corazones. Este es un atributo que solo es dado a la Deidad

«Sus pies parecían bronce al rojo vivo ... y su voz era tan fuerte como el estruendo de una catarata» (v. 15). Estas dos características que se le dan al Señor aquí, se refieren a su autoridad para ejecutar juicio sobre todos los que se oponen a su reino (Apocalipsis 2:18,22,23).

«Siete estrellas» en el versículo 16 representan siete pastores de las siete iglesias de Asia.

«De su boca salía una aguda espada», es una señal de juicio para corregir a las iglesias. «Su rostro era como el sol», es una representación de su majestad, grandeza y gloria.

«El Primero y el Último ... y el que vive» en los versículos 17 y 18 describen sus atributos que pertenecen solo a la Deidad (Véase Isaías 44:6).

## DIVISIONES EN EL LIBRO

En el versículo 19 tenemos las tres divisiones del Apocalipsis:
1. «Las cosas que has visto» (1:10-20)
2. «Las cosas que son» (cap. 2 y 3).
3. «Las cosas que han de ser después de estas» (cap. 4-22).

En estas grandes divisiones se pueden identificar tres tiempos: el tiempo pasado, el tiempo presente y el tiempo futuro. Se puede ver que todavía están por acontecer las cosas después del capitulo 3.

## PREGUNTAS PARA ESTUDIO

1. Describa en síntesis el plan de Dios en el Apocalipsis.
2. Describa los cuatro oficios de Cristo.
3. ¿Qué importancia tienen los oficios de Cristo?
4. Describa la visión de Juan de Cristo como Juez.
5. ¿Qué descripción hacen los versículos 13 al 18?
6. Anote las divisiones en el libro del Apocalipsis.

Dé la definición etimológica, profética e histórica del siguiente vocabulario:
Asia Menor
Visión
Ayes
El Apocalipsis
Juez

# Capítulo 2

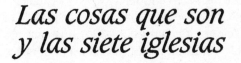

## Las cosas que son y las siete iglesias

En los capítulos dos y tres del Apocalipsis se mencionan siete iglesias ubicadas en Asia Menor. La descripción que se hace de ellas contiene su organización eclesiástica, su liturgia, trasfondo espiritual y su relación con Dios.

Las iglesias que se mencionan en estos dos capítulos representan distintas épocas de la iglesia en la tierra, desde el tiempo apostólico hasta el traslado de la iglesia al cielo. Había en aquel tiempo otras iglesias ya establecidas en la provincia, pero en estas siete, Jesús vio las condiciones y etapas por las que pasaría la iglesia y por esta declaración descriptiva nos da a conocer la historia espiritual y religiosa de la cristiandad. Los capítulos dos y tres contienen una importante profundidad en profecía y literatura.

### LA IGLESIA DE ÉFESO

La palabra «éfeso» quiere decir «deseada». Nos demuestra que la iglesia es el objetivo por excelencia del amor de Cristo. Fue a la iglesia de Éfeso a quien se le reveló la verdad concerniente a la iglesia como el «cuerpo de Cristo» y se define su misterio como esposa de él.

La iglesia de Éfeso en los versículos del 1 al 7 representa la historia de la iglesia desde el Pentecostés, hasta el fin del primer siglo.

También, se le llama la época apostólica. Se pueden ver las condiciones espirituales en general de la iglesia de aquel entonces y en los tiempos modernos.

«El que tiene las siete estrellas en su mano derecha y se

pasea en medio de los siete candelabros» (v.1). Estúdiese 1 Juan 4:1 y Gálatas 6:9. El Señor les alaba por su fidelidad de rechazar a los falsos apóstoles en Hechos 20.28-32. Estos apóstoles identificados por Pablo como nicolaítas, se les llama también lobos rapaces (Juan 10:10-14). No era una secta sino un partido dentro de la iglesia que trataba de establecer una orden sacerdotal. Poner a hombres sobre los laicos de la iglesia identificándoles como cleros y obispos, de donde más tarde se derivaron las órdenes de arzobispos, cardenales y papas.

El concepto básico pastor y rebaño se pierden y junto con ello se originan y desarrolla el dogma de la separación entre el laico y el clero (vv.5, 6)

### REPRESIÓN Y ADMONICIÓN

El Señor encomia a la iglesia de Éfeso, pero a la misma vez, le reprende: «Has dejado tu primer amor ... arrepiéntete.» El que escudriña los corazones sabía que había abandonado su primer amor y la falta de devoción espiritual aparentaban que todo estaba bien. Apocalipsis 3:3,18; Mateo 3:2; Hechos 17:30.

### LA IGLESIA DE ESMIRNA

Esmirna quiere decir ungüento. Este se usaba para embalsamar cuerpos y era aromático. Esta iglesia existió durante el período de la gran persecución bajo diez emperadores romanos. Nerón el primero, fue uno de los más crueles. El último fue Diocleciano que extendió su dominio hasta el tiempo de Constantino en 312 d.C. En esta época muere el último de los doce apóstoles.

La iglesia de Esmirna pasa por un tiempo de persecución y el Señor lo usa para establecer una profecía para el tiempo de hoy en la iglesia, para hacerla volver a él. (v. 4).

«El Primero y el Último, el que murió y volvió a vivir (v.8); 1 Corintios 15:15-20; 1 Tesalonicenses 4:14. Este versículo define con claridad la eternidad de Cristo como un atributo que es parte de la Trinidad.

«Una sinagoga de Satanás» representa una cristiandad judaizante, con un evangelio diluido y sin poder. El Señor conoce las obras de la iglesia en relación con las tribulaciones; allí se descubre lo que es la iglesia y cual es su carácter.

## ENCOMIO A LA IGLESIA

En los versículos 9,10 dice: «Conozco tus sufrimientos y tu pobreza ... No tengas miedo de lo que estás por sufrir.»

Les amonesta a no temer las cosas que iban a padecer. Satanás sería el autor de sus sufrimientos y tribulaciones por diez días. Un tiempo de persecución que produciría muchos mártires. La persecución de los santos por la Roma pagana. Estúdiese las siguientes referencias bíblicas: Apocalipsis 20:6,14; 21:8; Juan 8:21.

## LA IGLESIA DE PÉRGAMO

La palabra «pérgamo» significa «casamiento». Esta iglesia representa la unión de la iglesia con el Estado. Se puede decir que fue un casamiento con el mundo. Las condiciones que existían en la iglesia de Pérgamo eran similares a las del período cuando comenzó la conversión de Constantino, el emperador romano. Este tiempo continuó hasta el principio del séptimo siglo, o hasta el principio del papado. Constantino hizo la iglesia una institución mundana, uniéndola con el sistema político de sus días.

«El que tiene la espada aguda de dos filos dice esto» (v.12).

El Señor es el único que puede usar la espada para discernir y llegar a las profundidades del ser.

## ENCOMIO Y MOTIVACIÓN

En el versículo 13 dice: «Yo conozco tus obras ... retienes mi nombre, y no has negado mi fe.» Aquí vemos el encomio del Señor por sus obras y fidelidad en mantener su nombre y su fe (Apocalipsis 3:9; 2 Timoteo 2:12).

En Pérgamo los seguidores de Cristo fueron perseguidos cruelmente por una secta pagana babilónica, y Antipas fue uno de los mártires. El versículo también dice: «Dónde Satanás tiene su trono», que se refiere al cambio de la oficina principal de esta secta pagana babilónica, desde la ciudad de Babilonia a Pérgamo. Esto sucedió cuando los sacerdotes de aquel sistema religioso huyeron de los conquistadores persas. Cuando Satanás halló imposible exterminar a los cristianos matándolos, él cambió su táctica de un león rugiente a un ángel de luz.

Los versículos 14 al 16 mencionan lo siguiente: «Que toleras ahí a los que se aferran a la doctrina de Balaam, el que enseñó a Balac a poner tropiezos a los israelitas.» Léase Números 22-26. El pecado de fornicación espiritual o de la enseñanza de Balaam, de la cual fue culpable la iglesia cuando ella entró en la unión con el estado. El motivo de Constantino al unir la iglesia con el estado era más bien político que religioso. Su idea era unir a súbditos cristianos y paganos en un solo pueblo, consolidando así su imperio. Esto dio inicio a un gran cambio espiritual  y social. La iglesia perdió su carácter peregrino, al contraer matrimonio con el mundo de sus días. Esto no era la voluntad de Dios, ni tampoco fue una victoria para los creyentes, si no lo opuesto. El resultado de esta unión fue la entrada de dos doctrinas falsas y pecaminosas a la iglesia como la enseñanza de Balaam y la doctrina de los Nicolaítas. Ya explicamos que esta enseñanza tuvo su origen en la iglesia de Éfeso, pero continuó hasta el tiempo de la iglesia de Pérgamo, ya que era fuerte y con tretas políticas por parte de los obispos y del clero.

Constantino, dio a los obispos edificios grandes, hermosos y costosos. Edificios hechos de piedras valiosas, algunos de mármol adornados con oro y piedras raras valiosas. También vistió a los obispos con vestiduras hermosas. Una forma idólatra o carnal de adoración fue introducida en la iglesia y numerosas fiestas y métodos paganos fueron incorporados a los cultos de los creyentes cristianos, a fin de agradar a los paganos y atraerlos a la religión. La iglesia se hizo rica, fuerte y popular. Entonces comenzó la enseñanza que a causa de la unión  de la iglesia con el estado, vendría el milenio sin el regreso de Cristo; que Israel había desaparecido para siempre y que todas las profecías de la gloria venidera de Israel habían sido dadas a la iglesia o al Israel espiritual.

En el versículo 17 encontramos una admonición y una promesa que dice: «El que tiene oído, oiga lo que el Espíritu dice a las iglesias. El que salga vencedor le daré del maná escondido, y le daré también una piedrecita blanca en la que está escrito un nombre nuevo que sólo conoce el que lo recibe.» La piedrecita blanca se refiere a una costumbre antigua. Una piedra blanca se daba al que salía sin culpa, al que era inocente del crimen por el cual había sido llevado ante el juez. Al culpable se le daba una piedrecita negra.

## LA IGLESIA DE TIATIRA
La palabra «tiatira» quiere decir, «aquella que está cansada de

sacrificar». Las condiciones en la iglesia de Tiatira representan, proféticamente, el período de la iglesia desde la asunción de la soberanía papal o pontifical por el obispo de Roma, al principio del siglo séptimo, extendiéndose hasta el tiempo de la Reforma bajo Martín Lutero en el año 1520 d.C. Durante este tiempo la iglesia adoptó muchas enseñanzas cristianas para poder tener una forma de religión en la cual se podían unir los cristianos y los paganos. Muchos de los dioses de la Roma pagana fueron apropiados y consagrados como imágenes de los santos, recibiendo la adoración y veneración. La corrupción que empezó como un diluvio en los días de Constantino se aumentó hasta «los mal llamados secretos «profundos secretos de Satanás» (v. 24). Se puede ver que la iglesia iba de corrupción política a corrupción eclesiástica.

El versículo 19 dice: «Conozco tus obras, tu amor y tu fe, tu servicio y tu perseverancia, y sé que tus últimas obras son más abundantes que las primeras.» Es un encomio del Señor y por haber progresado en fe y en obras: «Tus últimas obras son más abundantes que las primeras.»

En el versículo 20 se menciona a Jezabel. «Sin embargo, tengo en tu contra que toleras a Jezabel, esa mujer que dice ser profetisa. Con sus enseñanzas engaña a mis siervos, pues los induce a cometer inmoralidades sexuales y a comer alimentos sacrificados a ídolos.» Fue Jezabel una mujer pagana e idólatra casada con el rey Acab de Israel. Fue también la que introdujo la adoración de Baal en el pueblo de Israel y persiguió y dio muerte a los profetas de Jehová. Así la iglesia la anunció como profetisa con el pretexto que las enseñanzas de la iglesia son superiores a la Palabra de Dios. Como consecuencia de esto iniciaron en parte las cruzadas, y la cruel Inquisición. Si nos descuidamos, esta iglesia idólatra va a continuar hasta la venida de Cristo.

En los versículos 21 al 24 se encuentra una represión y una advertencia muy importante.

«Y le he dado tiempo para que se arrepienta.» La gran oportunidad de detenerse y reconsiderar sus errores hasta dejar de fornicar y adulterar como iglesia. «Ahora, el resto de los que están en Tiatira, es decir, a ustedes que no siguen esa enseñanza ni han aprendido los mal llamados «profundos secretos de Satanás» les digo que ya no les impondré ninguna otra carga.» (1 Reyes 16:31,32; Proverbios 6:24; Jeremías 17:10).

Junto a los versículos 24 al 29 de este capítulo deben estudiarse las siguientes escrituras:

2 Timoteo 3:1-8; 2:17,18; Apocalipsis 6:12-17; Isaías 2:10.22; 1 Pedro 1:19; 1 Tesalonicenses 4:13-17; Hechos 2:14.

## PREGUNTAS PARA ESTUDIO

1. Describa la iglesia de Éfeso, su organización como cuerpo de Cristo
2. ¿Qué costumbres había en la iglesia de Esmirna?
3. Relacione con la historia la función de la iglesia de Pérgamo
4. ¿Que período de tiempo representa la Iglesia de Tiatira?

Diga el significado de:
Esmirna
Tiatira
Balac
Piedrecita blanca
Pérgamo
Constantino
Ballaam
Diocleciano

# Capítulo 3

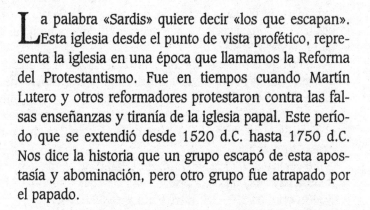

## *Las cosas que son*

La palabra «Sardis» quiere decir «los que escapan». Esta iglesia desde el punto de vista profético, representa la iglesia en una época que llamamos la Reforma del Protestantismo. Fue en tiempos cuando Martín Lutero y otros reformadores protestaron contra las falsas enseñanzas y tiranía de la iglesia papal. Este período que se extendió desde 1520 d.C. hasta 1750 d.C. Nos dice la historia que un grupo escapó de esta apostasía y abominación, pero otro grupo fue atrapado por el papado.

El treinta y uno de octubre de mil quinientos diecisiete Matín Lutero clavó las noventa y cinco tesis a la puerta de la iglesia en Witenburg, Alemania. Desde entonces empezó la Reforma, el movimiento que produjo el Protestantismo. Esto, sin duda, estaba en el plan de Dios y fue parte de la obra del Espíritu Santo.

Este movimiento de Reforma estimuló y ayudó a que las Sagradas Escrituras se conocieran mejor. El Libro Sagrado que estaba sellado, ahora se abría para todos. Martín Lutero fue uno de los instrumentos en darle valor a las Escrituras y encontró apoyo en ser justificados por la fe.

El Ángel habla a la iglesia de Sardis de su estado espiritual: «Conozco tus obras; tienes fama de estar vivo, pero en realidad estás muerto ... ¡Despierta! Reaviva lo que aún es rescatable ... Así que recuerda lo que has recibido» (vv. 1,2,3).

Otras escrituras que dan más conocimiento son las

85

siguientes: (Mateo 13:14-16,43; Efesios 4:12,13; Lucas 6:35,36; 2 Timoteo 1:13).

## LA IGLESIA DE FILADELFIA

La palabra «filadelfia» quiere decir «amor fraternal». Esta iglesia representa el período de 1750 d.C. hasta el siglo veinte. Ella es la verdadera iglesia dentro de la iglesia nominal. Fue una separación de las iglesias de Tiatira y Sardis. La caridad y amor fraternal de la iglesia de Filadelfia disiparon las amargas animosidades que caracterizaban las disputas teológicas del período de Sardis, esto hizo posible la evangelización y la extensión misionera mundial de los últimos doscientos años.

Como Sardis protestó contra Tiatira, así Filadelfia es una protesta contra Sardis porque estaba muerta, fría y sin el espíritu de Dios. Filadelfia no era una secta sino un cuerpo de creyentes ungidos con el Espíritu Santo. Entre sus cualidades más sobresalientes estaban la obediencia a la Palabra de Dios y su fidelidad y devoción a su nombre.

El versículo 7 dice: «Esto dice el Santo, el Verdadero, el que tiene la llave de David» (Véase Lucas 1:35; 1 Corintios 10:21; 6:7-20; 2 Corintios 6:14-18; Juan 14:6; Isaías 22:22).

El versículo 8 dice: «Ya sé que tus fuerzas son pocas, pero has obedecido mi palabra.»

Esto nos indica que estuvo grave, a punto de morir, que se está recuperando y todavía no esta bien de salud.

Filadelfia es la iglesia avivada de Sardis, con un avivamiento que comenzó entonces con Jorge Whitfield en 1739 d.C., seguido por Juan Wesley, Carlos G. Finney, D.L. Moody y otros.

La declaración en el versículo 8 dice: «Mira que delante de ti he dejado abierta una puerta que nadie puede cerrar.» Esta iglesia inició la evangelización misionera que continuó hasta los días de Guillermo Carey, que fue a la India en mil setecientos noventa y tres. Para él fue una puerta abierta que continuó abierta en Asia, en África, en Sur y Centro América. Esperamos que un día de estos no quede ni un país en el universo que no se halla predicado el evangelio (1 Corintios 16:9; 2 Corintios 2:12; Mateo 24:14).

En los versículos del 9 al 13 se le da a la iglesia de Filadelfia la promesa de ser guardada de la hora de la prueba. Noten que no dice en la hora de la prueba que ha de venir sobre todo el mundo.

Esta hora de la prueba que vendrá en el futuro se puede identificar como la gran tribulación, sino que será arrebatada al encuentro del Señor en el aire antes de la tribulación (1 Tesalonicenses 4:13-18; 5;9; Isaías 26:20; Apocalipsis 20:10; 22:4; Romanos 2:28,29; 1 Corintios 3:14; 14:25; Efesios 2:19-22; Hebreos 13:14).

## LA IGLESIA DE LAODICEA

La palabra laodicea significa «juicio del pueblo». En esta iglesia la opinión popular de la gente tenía mucha autoridad y poder. «Dices: Soy rico; me he enriquecido y no me hace falta nada» (v. 17). Esta afluencia le dio un sentido de ser absoluta y que no necesitaba de nadie, incluso ni del Señor. Sin embargo, delante del Señor que pesa y evalúa todas las cosas de su iglesia le dice: «Conozco tus obras; sé que no eres ni frío ni caliente ... Por tanto, ... como no eres ni frío ni caliente, sino tibio, estoy por vomitarte de mi boca» (vv. 15,16). Una iglesia que mezcló la dedicación absoluta a Dios con el culto influido por la afluencia económica, a tal grado de resistir el evangelio de poder para la salvación.

En el versículo 14 el Señor se identifica a la iglesia de Laodicea sin dejar margen para confusión: «Esto dice el Amén, el testigo fiel y veraz, el soberano de la creación de Dios.» La iglesia debía oír al que le convenía y lo que quería por su afluencia. Hoy «el Amén» habla con claridad.

Continuando con el versículo 17, se pueden notar amonestaciones fuertes, como una espada que atraviesa lo más profundo del corazón de una iglesia. «Pero no te das cuenta de que el infeliz y miserable, el pobre, ciego y desnudo eres tú.» Creen que son ricos, y en apariencia lo son, pero Cristo ve su pobreza espiritual. No tan solo son pobres sino que son ciegos también. Pueden ver su prosperidad material pero no pueden ver cosas espirituales, por eso el Señor les amonesta a comprar el «colirio» del Espíritu Santo a fin de restaurar su vista espiritual (v. 18).

También, dentro de los cuatro descubrimientos que hace el Señor, les dice que estaban desnudos. No importa que las vestiduras sean de materiales finos y de la última moda, no pueden substituir las vestiduras de «lino fino blanco» que representan la perfecta justicia de los santos (Apocalipsis 19:8).

El mensaje a la iglesia de Laodicea termina con una revelación asombrosa cuando dice el Señor: «Mira que estoy a la puerta y llamo.» Este llamado es para la iglesia. Para la iglesia en medio de la cual estuvo el Señor, pero ahora está excluido y fuera. Encontramos un paralelo en las Escrituras que nos dicen que Cristo fue excluido de su mismo pueblo, pues le rechazaron llevándolo hasta la cruz (Juan 1:1-11).

El período de la iglesia de Laodicea representa el último de la iglesia del Señor. Ya el tiempo está para cumplirse; y los que cenan con él en estos días de apostasía están probando en pequeña escala la gloria venidera cuando se celebrarán con él las bodas del Cordero (v. 20).

Hay que notar en el versículo 21 y 22 la gran oportunidad de vencer. Esta es la época de abrir las puertas de la iglesia para que el Señor y su Palabra entren y participen en el último período de la iglesia en esta tierra.

## LAS CARTAS A LAS SIETE IGLESIAS

Es importante hacer un resumen en forma de esquema para ver las características positivas y negativas de estas siete iglesias.

| Iglesia | Referencia | Encomio | Reprimenda | Acción |
|---|---|---|---|---|
| Éfeso | 2:1-7 | Arduo trabajo, perseverancia | Olvidado el amor | Recuerda, Arrepiéntete |
| Esmirna | 2:8-11 | Sufrir pobreza, persecución | | No temas |
| Pérgamo | 2:12-17 | Fidelidad | Tolerancia | Arrepiéntete |
| Tiatira | 2:18-29 | Amor, fe y servicio | Inmoralidad | Arrepiéntete |
| Sardis | 3:1-6 | Eficaz | Superficial | Despierta |
| Filadelfia | 3:7-13 | Fiel | | Manténte |
| Laodicea | 3:14-22 | Tibia | Arrepiéntete | |

## PREGUNTAS PARA ESTUDIO

1. Describa el tiempo en la historia que representa la Iglesia de Sardis.
2. Describa lo que representa la iglesia de Filadelfia.
3. ¿En qué consistía la afluencia de la Iglesia de Laodicea?
4. ¿Qué valor espiritual tiene el mensaje a la iglesia de Laodicea?
5. Haga un resumen de las características negativas y positivas de las siete iglesias.

Describa el significado de:
Sardis
Laodicea
Filadelfia
Amén

# Capítulo 4

## Y allí en el cielo había una puerta abierta

**«Después de esto miré, y allí en el cielo había una puerta abierta.»**

Los capítulos 4 y 5 nos introducen y nos preparan para el cumplimiento profético de los «sellos», las «trompetas» y las «copas».

Juan dice que miró «y allí en el cielo había una puerta abierta» (v. 1). También dice que oyó otra vez la voz que le habló en el capítulo 4:1-2 en «voz fuerte como de trompeta», «sube aca: voy a mostrarte lo que tiene que suceder después de esto.» «Al instante vino sobre mí el Espíritu» dice Juan, «y vi un trono en el cielo, y a alguien sentado en el trono», indicando que Juan fue trasladado de la tierra, al cielo y lo que él describe en los capítulos 4 y 5 del Apocalipsis son cosas que él vio en el cielo.

En este arrebatamiento de Juan podemos ver un tipo del levantamiento de la iglesia, y aquí está el lugar en el libro donde el rapto de la iglesia acontece, es decir, al fin de la historia de la iglesia, y antes de que acontezcan los juicios de los «sellos», «trompetas y copas». Tengan presente que la verdadera iglesia no estará en la tierra cuando llegue el tiempo de la indignación divina (3.10). La iglesia desaparece de vista al fin del capítulo 3, y no se menciona otra vez hasta el capítulo 19, donde se ve en el cielo y sus bodas con el Cordero se anuncian (19:7-9).

Después de que desaparece la iglesia, Dios otra vez comienza a tratar con Israel, y los sucesos de la última semana de las «setenta semanas» de Daniel acontecen. Daniel 9:24-27. «El año de la buena voluntad de Jehová» termina y «el día de venganza de nuestro Dios» empieza (Isaías 61:1-3; Lucas 4:16-21). Se puede ver cómo la oportunidad de la gracia se acaba, y comienza a aparecer el período del Reino, precedido por estos importantes y temibles acontecimientos.

La puerta abierta y la voz que decía «sube acá» y la presencia de Juan en el cielo en espíritu, representan el cumplimiento de 1 Tesalonicenses 4:15-17; Juan 14:1-3; 17:24; Mateo 25:10. Un día de estos, también la iglesia oirá la voz del Señor y miles de creyentes desaparecerán para encontrar a su Señor en el cielo.

«Al instante vino sobre mí el Espíritu y vi un trono en el cielo, y a alguien sentado en el trono» (vv. 2,3). Es el trono del gran Rey Dios Padre, el trono que estaba colocado o establecido en el cielo es señal y símbolo del gobierno y poder universal de Dios que nunca será afectado ni perturbado, aun cuando los tronos sobre la tierra comienzan a debilitarse y a caer al concluir el día en tempestades y desastres.

Notemos la semejanza de la descripción del trono de Dios en Ezequiel 1:26-28 y aquí en Apocalipsis 4:3 de la gloria majestad y esplendor de la divina Presencia. Se describe que: «Alrededor del trono había un arco iris que se asemejaba a una esmeralda», (v. 3), que es una señal de un pacto basado sobre un sacrificio aceptado (Génesis 8:20-22; 9:13-17 y Apocalipsis 5:5,7). Dios hizo un pacto con la tierra y sus habitantes, basado en el sacrificio aceptado por Cristo en la cruz. El arco iris alrededor del trono significa la fidelidad de Dios en guardar el pacto y sus promesas. Cada promesa a la iglesia, a cada creyente y a Israel será cumplida. Aunque él está al punto de mandar grandes juicios sobre la tierra, no la destruirá, sino que pasará la tierra por los juicios y después será llena de la gloria de Dios. En este tiempo reinará la gloria del esplendor milenario y la justicia mesiánica.

El vidente compara lo que vio a tres piedras: el jaspe, piedra transparente, la cornalina, de color rojo; y la esmeralda, verde.

En el pectoral del sumo sacerdote se encontraba la primera piedra y la última era una piedra sardónica y un jaspe (Éxodo 28:17,20).

Eruditos en el estudio de profecía la atribuyen a estas piedras la santidad, la ira y la misericordia de Dios. Hay que recordar que alrededor del trono había un arco iris.

El trono que ve Juan en los versículos 2 y 3 no es el trono de gracia sino de juicio, porque «salían relámpagos, estruendos y truenos», (v. 5). Estos relámpagos y truenos siempre indican que está llegando una tempestad. Será la tempestad de la indignación de la ira de dios.

«Rodeaban al trono otros veinticuatro tronos en los que estaban sentados veinticuatro ancianos vestidos de blanco y con una corona de oro en la cabeza» (v. 4). ¿Quiénes son estos veinticuatro ancianos? y ¿qué representan? No pueden ser ángeles porque ellos nunca se sentaron en tronos, ni fueron coronados. Ellos tampoco pueden cantar el «cántico de redención» como lo hacen los ancianos. Estos eran consejeros del trono, conocedores de los propósitos del rey, capaces de comunicar inteligencia a Juan como siervo de Dios. Existe una interpretación que ellos representan los santos del Antiguo y del Nuevo Testamento que fueron redimidos.

El número veinticuatro como símbolo se encuentra solo en Apocalipsis 5:8; 11:16; 19:4. Hay otras referencias en la Biblia que pueden compararse como cuando David quiso hacer el templo. Veinticuatro mil sacerdotes fueron escogidos para el trabajo de la Casa de Dios (1 Crónicas 23:3-4). Estos fueron organizados en grupos de veinticuatro personas para trabajar juntos representando un solo cuerpo (1 Corintios 24:3-5).

Juan también dice que estos ancianos tenían ropas blancas y «sobre sus cabezas había coronas de oro». Esto nos indica una posición sacerdotal o un sacerdocio real en la presencia del trono de Dios (1 Pedro 2:9).

### PREGUNTAS PARA ESTUDIO
1. ¿Cuál fue el mensaje dado a Juan específicamente?
2. Describa la relación profética de las trompetas y las copas.
3. Escriba un resumen describiendo el trono de Dios.
4. ¿Qué representan los veinticuatro ancianos?

Dé la definición del siguiente vocabulario:

Trompetas

Esmeralda

Cornalina

Copas

El arco iris

Jaspe

Cántico de redención

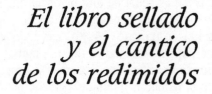

# Capítulo 5

## El libro sellado y el cántico de los redimidos

Juan agrega algunos detalles referentes al que se sienta en el trono, de quien se dice sostiene en la mano derecha «un rollo escrito por ambos lados y sellado con siete sellos» (v. 1).

¿Qué es este rollo con siete sellos? Es la escritura de los derechos de propiedad que Cristo el Salvador compró. El hecho que esté sellado con siete sellos significa que es por completo legal, garantizado por la exactitud y legalidad divina. La propiedad que él compró es esta tierra. Él la compró junto a nuestra redención por su misma sangre que derramó en la cruz del calvario.

Esta escritura le da poder para tomar posesión de su propiedad y, como los capítulos siguientes de este libro del Apocalipsis lo muestran, le autoriza y le da poder para ejecutar juicios y expulsar al enemigo que lo tiene en su posesión ilegal ahora.

Cuando Adán pecó, perdió su herencia de la tierra y ella pasó de sus manos a la posesión de Satanás, quedando desheredada toda su simiente de la tierra. Esta escritura confiscada por Satanás está ahora en las manos de Dios esperando que la rediman. La redención de ella dará posesión legal a todo lo que Adán perdió en su caída.

Adán (el hombre) no podía redimirla, pero su pariente más cercano pudo hacerlo (Levítico 25:23-24; Jeremías 32:6-14). Cuando un dueño perdía una herencia, habían dos libros o instrumentos de escritura hechos de esta transacción, uno abierto y el otro sellado. Estos libros hipotecarios eran entregados en manos de la persona que será el nuevo dueño de la propiedad.

Así un «libro sellado» es señal de una herencia que se perdió. Pero esta herencia no podía ser detenida de su dueño original más allá de un tiempo señalado (Levítico 25:28). Y cuando alguien era digno y competente para representar al dueño original y alzar y destruir aquel instrumento sellado, se recobraba la propiedad perdida, él era llamado el redentor, y tenía el derecho pleno de desposeer y expulsar a la persona o personas que lo tenían en su posesión. Entonces el redentor, junto con sus parientes cercanos gozaban de sus beneficios.

Esta es la explicación de Apocalipsis capítulo 5. Nuestro pariente redentor cercano es el Señor Jesucristo. Para hacerse el pariente más cercano el tuvo que hacerse humano y esto se cumplió en su nacimiento virginal.

Hasta este tiempo Dios obró, mostrando gracia, pero ahora va a tender su mano de juicio para el cumplimiento de su pacto con Israel (5:1) «En la mano derecha del que estaba sentado en el trono vi un rollo escrito por ambos lados y sellado con siete sellos» Esto simboliza la autoridad y el poder divino (Salmo 98:1; Isaías 59:16).

El versículo 2 dice: «¿Quién es digno de romper los sellos y de abrir el rollo?» o ¿Quién tiene la dignidad, la excelencia, los méritos y el puesto alto? ¿Quién es el pariente más cercano? (Números 5:6-8; Rut 4). Se requiere juicio tanto como gracia para la consumación del libro de redención. La plenitud de la redención aun está incompleta (Efesios 1:13,14; Romanos 8:19-23; Filipenses 3:20.21; Isaías 65:17).

Versículos 3 y 4: «Pero ni en el cielo ni en la tierra, ni debajo de la tierra, hubo nadie capaz de abrirlo ni de examinar su contenido. Y lloraba yo mucho porque no se había encontrado a nadie que fuera digno de abrir el rollo ni de examinar su contenido.»

Es un momento intenso para Juan. Sabía lo que era el Libro y que, a menos que alguien pudiera ser digno de abrirlo, se perdería toda esperanza de la redención del hombre y de la tierra. Pero su tristeza fue de duración corta, porque uno de los ancianos le dijo: «¡Deja de llorar, que ya el León de la tribu de Judá, la Raíz de David, ha vencido!» (v. 5).

Versículos 6 y 7: «Entonces vi, en medio de los cuatro seres vivientes y del trono y los ancianos, a un Cordero que estaba de pie y parecía haber sido sacrificado. Tenía siete cuernos y siete ojos, que son los siete espíritus de Dios enviados por toda la tierra. Se acercó y recibió el rollo de la mano derecha del que estaba sentado en el trono.»

Juan ahora ve lo que no vio antes, un Cordero que se ofreció en sacrificio, pero ahora vivo, puesto en pie en medio del trono. El no vio al Cordero antes, porque su atención estaba puesta en el rollo con los sellos.

Jesús, el maravilloso Salvador, como el Cordero de Dios, que quita el pecado del mundo (Juan 1:29) y como el León de la tribu de Judá, renovará su relación con Israel y con la tierra. El Cordero sacrificado es el León viviente, su victoria la ganó por el hecho de morir y resucitar al tercer día.

La palabra sacrificado (v. 6) se emplea en otros versículos como 9,12 y en 13:8. Su significado está relacionado con «la sangre». Es más un sacrificio que una muerte. La muerte de Cristo fue un sacrificio, él fue sacrificado por las transgresiones del hombre.

La raíz de David en su autoridad y potencia plena es interpretada por los siete cuernos, y su omnisciencia es interpretada por sus siete ojos. Él es el Mesías ungido. Él fue «digno» por dos razones: una porque «vino» y la otra porque con su obra redentora nos compró con su sangre.

«Se acercó y recibió el rollo de la mano derecha del que estaba sentado en el trono» (v. 7). El acto del Cordero de tomar el rollo es el hecho de más significado registrado en el libro del Apocalipsis. Es el cumplimiento de la profecía maravillosa en el Salmo 102:13-22. Esta es futura y ocurrirá después del rapto de la iglesia para encontrar al Señor en el aire, y antes que empiece el período de la gran tribulación. Los que redimidos con la sangre del Cordero cantarán el cántico de la redención: «Cuando lo tomó, los cuatro seres vivientes ... se postraron delante del Cordero. Cada uno tenía un arpa y copas en oro llenas de incienso ... Y entonaban este nuevo cántico» (v. 8-9).

La idea de un nuevo cántico se encuentra a menudo en varias partes del Antiguo Testamento, como Salmo 33:3; 40:3; 96:1; 98:1; 149:1. Es una celebración universal donde los santos van a reinar «reinaremos sobre la tierra».

Cuando Jesús deja el trono para tomar el rollo, su obra mediadora o intercesora cesa, y su trabajo redentor comienza. Cuando se le entrega el rollo, el tiene el derecho de abrir los sellos y echar mano de la herencia y desposeer al que se apropió, es decir Satanás. Enseguida procederá a hacer esto, mientras el abre los sellos. Satanás no es echado fuera. Él responde a la demanda, y después hay un conflicto prolongado, al fin es desposeído y echado en el lago de fuego.

Es importante ver cómo en los Evangelios se representan cuatro títulos muy significativos de Jesús:

1. Como Hijo de David tiene el derecho al trono de David.

2. Como el Hijo de Abraham tiene el derecho a toda la tierra de Israel.

3. Como el hijo del Hombre tiene el derecho del mundo entero.

4. Como el hijo de Dios es el heredero de todas las cosas.

## PREGUNTAS PARA ESTUDIO

1. ¿Qué significado tiene el rollo con sus sellos?

2. Describa la relación del libro sellado y una herencia.

3. Explique, ¿quién fue digno de abrir el libro?

4. ¿Cuándo y quién cantará el cántico de Redención?

5. Describa los títulos dados a Jesús en las Escrituras.

Dé la definición del siguiente vocabulario:
El libro sellado
Una herencia inmolado
El Cordero

# Capítulo 6

## *Los sellos abiertos*

L os siete sellos cubren todo el período desde el rapto de los vencedores hasta el principio del milenio. Siempre hubo terribles terremotos, nevadas, hambres, pestilencias, erupciones de volcanes y tempestades; pero el cumplimiento pleno y terrible no se espera hasta el fin de los juicios divinos (Joel 2:28-32; Hageo 2:6; Hebreos 12:26).

El Cordero recibiendo su comisión, con toda autoridad de Dios, ahora empieza a abrir los sellos del rollo que tienen en sus manos. Ya que la iglesia está segura en los cielos, la ira de Dios empieza a caer sobre un mundo rebelde.

En el rapto de la iglesia verdadera, será llevado, tal vez un grupo relativamente pequeño, de entre la multitud que forma la iglesia nominal. El acontecimiento no tendrá gran efecto sobre el mundo, sino que pronto se olvidará y los gobiernos terrenales e iglesias apóstatas continuarán igual que antes. La maldad madurará trayendo juicios repentinos sobre las naciones.

Del capítulo 6 hasta el 20 tenemos registrados los acontecimientos que sucederán y que fueron mencionados durante la última semana de las setenta semanas de Daniel.

Estos son los últimos siete años del plan profético de Dios para la limpieza y castigo de Israel. Ninguna de estas profecías se cumplió todavía, ni tampoco podrán cumplirse hasta que la verdadera iglesia, el cuerpo de Cristo, su esposa, se quite del medio.

Sabemos por las señales que se están cumpliendo, que los juicios de los siete sellos pronto comenzarán y que el arrebatamiento de los santos está muy cerca.

## EL PRIMER SELLO

Versículos 1,2. Al romper el Cordero el primer sello, el primer ser viviente clama con voz de trueno: «Ven.» El mandato resulta en la aparición de un jinete sobre un caballo blanco, quien sale: venciendo y para vencer. Él tiene un arco, pero no tiene flechas, no tiene munición. Pero «se le dio una corona» para constituirse rey.

¿Quién es este jinete? Algunos enseñan que es el Señor Jesús o el Espíritu Santo que sale para una conquista espiritual. ¿Pero cómo puede ser esto porque Cristo, como el Cordero, está ocupado abriendo los sellos del libro que tiene en sus manos en aquel tiempo? Y, otra vez, estos sellos son símbolos de juicio y no de gracia. La larga paciencia de Dios se acabó al fin, ya llegó el tiempo de su ira y de su venganza.

Para entender el significado de los «caballos» en las Escrituras, véase Zacarías 1:8-11 y 2 Reyes 6:16-18. Cuando estudiamos el significado de estos pasajes podemos observar que son figuras simbólicas en las que se muestra poder puesto en actividad por los seres vivientes.

El jinete del caballo blanco en este capítulo, versos 1 y 2, es un conquistador brillante, irresistible, poderoso, cuyas victorias harán a todo el mundo como cabeza del Imperio Romano ya avivado. Él es el anticristo, «el príncipe que vendrá», quien hace pacto falso con los judíos por siete años, rompiéndolo después de tres años y medio (Daniel 9:26,27). Es un antitipo de Antíoco Epífanos, Daniel 8:9-12; 23.25; 11:21-23. Es aquel que hará su voluntad, según Daniel 1:36-45, es el cuerno pequeño de Daniel 7:8—19-27, la primera bestia del Apocalipsis 13:1-8. Nótese como corresponde la descripción de todos estos, a una misma persona.

Él será el gran hombre de Satanás, un ser humano que se levantará entre las filas de la humanidad, así lo enseñan las Escrituras; y que será la encarnación de todo poder satánico.

## EL SEGUNDO SELLO

Él traerá una época de paz y prosperidad que demandará admiración universal, Apocalipsis 13:3,4; pero aquella paz será de corta duración, como es evidente al abrir «el segundo sello» (v. 3,4).

El segundo ser viviente le llama la atención a Juan y ve la salida de un jinete en un caballo color rojo encendido, que quita la paz de la tierra. La falsa paz que el jinete del caballo blanco estableció; la paz universal con la que el mundo sueña. Esta sin la presencia del «Príncipe de paz», no durará.

El color rojo simboliza sangre, y la «espada grande» dada al segundo jinete es un símbolo de guerra.

El anticristo con sus métodos autocráticos encontrará fuerte oposición, que motivará guerras civiles entre las naciones, bajo la dirección de este «jinete del caballo color rojo encendido». El milenio falsificado de Satanás termina con un reino universal de terror y derramamiento de sangre, y será cumplido entonces (1 Tesalonicenses 5:3).

### EL TERCER SELLO

El resultado inevitable de anarquía universal y derramamiento de sangre es HAMBRE. Así que el jinete del caballo negro, quien aparece al abrir el tercer sello versículos 5 y 6, trae hambre. La balanza en su mano significa conservación de alimentos. Este plan traerá otra crisis cuando todos los hombres fuertes y robustos los lleven a la guerra, y nadie cultive las tierras, ni siembren, ni sieguen las cosechas. El hambre hará sus estragos y miles morirán a consecuencia de ello.

El hambre será tan grande, que dos libras de trigo se venderán por un denario, salario de un día de trabajo, la ración diaria para un esclavo. No se podrán comprar alimentos con libertad y los pueblos serán consumidos por el hambre. Solo los ricos escaparán una parte de este juicio porque almacenarán vino, aceite y manjares deliciosos para el consumo exclusivo de ellos.

### EL CUARTO SELLO

Al abrir el cuarto sello, sale un caballo amarillo. El jinete en el caballo se le identifica como Muerte y era seguido por el Infierno (v. 7,8 ). La misión de este jinete es devorar las víctimas y se muestra como un monstruo enorme, voraz que causa la muerte y los traga. La Muerte y su seguidor el Infierno como compañeros inseparables reclaman una cosecha de humanidad terrible. Será tan grande la destrucción de vidas humanas en aquel tiempo que Isaías 5:13-16 describe: «Mi pueblo ... sus nobles perecerán de hambre y la multitud se morirá de sed.»

## CUMPLIMIENTO PROFÉTICO

Debido a una guerra devastadora habrá hambre y una GRAN PESTILENCIA sobre la tierra. Los muertos se dejan sin sepultura. Para profundizar en esto se debe estudiar Ezequiel 14:21.

Nótese que concuerda con la gran profecía de Jesús en Mateo 24:4-8 y Lucas 21:8-11, donde él habla de «falsos cristos, guerras, hambres, terremotos» (Apocalipsis 6:12).

## EL QUINTO SELLO

Al abrir el quinto sello, la escena cambia por completo y en lugar de la obra de los cuatro jinetes, Juan, ve ahora, bajo el altar, las almas de los que habían sido muertos y que «clamaban a gran voz diciendo: ¿Hasta cuando, Señor Soberano, santo y veraz?» (vv. 9,10). ¿Quiénes son ellos? El hechos que sus almas están debajo del altar prueba que son mártires, ofrecidos en sacrificio, no son mártires de edades pasadas, porque ellos resucitaron y fueron arrebatados con la iglesia y están en la gloria con cuerpos glorificados. Estos mártires son los que morirán a «causa de la Palabra de Dios y a causa de su testimonio» después del rapto de la iglesia. Jesús los mencionó en Mateo 24.9. Son los mártires al principio de la gran tribulación. Sus consiervos y sus hermanos «que iban a sufrir el martirio, así como ellos» (v .11). Son los últimos mártires, o los que serán muertos al fin del mismo período (Apocalipsis 20:4). Estos son «los santos del Altísimo» a quienes vio Daniel como herederos del «reino eterno» (Daniel 7:27).

Estas almas, ya separadas de sus cuerpos carnales, son conscientes, y pueden hablar y clamar, como se ven en el versículo 11: «Entonces cada uno de ellos recibió ropas blancas», y se les dijo que «esperaran un poco más». Esto prueba que no hay tal cosa como «sueño del alma» como muchos enseñan. La sangre por la cual demandan la venganza representa la vida en la carne. Debajo del altar donde quemaron los sacrificios, en tiempos antiguos, había un pozo, dentro del cual se derramaba la sangre de las víctimas, así que lo que Juan vio aquí son las vidas que habían sido devotas a Dios a costo del martirio.

## EL SEXTO SELLO

Los terribles sucesos que acontecen al abrir el sexto sello, versículos 12-17, son a la vez literales y simbólicos. Una serie de convulsiones terribles que afectarán a todos en el mundo físico social y político.

El terremoto es un cumplimiento literal de Zacarías 14:1,4 y Apocalipsis 16:17-20. Pero a la vez representa la disolución de la sociedad y destrucción de toda autoridad humana. «La luna ... roja como sangre.» «Las estrellas cayeron, «el cielo removido como el rollo», y «el sol negro como cilicio» son cambios físicos que causarán gran temor al caer sobre toda clase de hombres, grandes y chicos, y creerán que será «el gran día de juicio» y en su temor y terror se esconderán en las cuevas y entre las peñas de las rocas y clamarán a las montañas y a las peñas que caigan sobre ellos y los cubran de la vista y de la ira de Dios.

Ahora todos están prestos y urgentemente buscan de la misericordia de Dios, reyes, presidentes, capitalistas, líderes, oficiales y la gente común. Antes habían rehusado deliberadamente la oportunidad de aceptar la gracia del Señor, otros por negligencia no echaron mano de la protección de la protección de la Roca de la Eternidad, cuando tuvieron la oportunidad de hacerlo, y ahora claman a las peñas y a las montañas que caigan sobre ellos. Se burlaron de las cosas de Dios antes y ahora oran y claman sin cesar.

¡Aunque todos oran y claman!, ya es demasiado tarde. Entonces se dan cuenta que hay un Dios personal, y que Jesucristo es el Cordero de Dios; no más su propiciación por el pecado, sino ahora es su Juez. Estúdiense Isaías 13:9-13; 34:1-4; Joel 2:30; Sofonías 1; Hageo 2:6,7; Mateo 24:29; Amós 9:2,3; Proverbios 1:25-26.

## PREGUNTAS PARA ESTUDIO

1. ¿Qué tiempo cubre en la profecía los sellos?
2. ¿Qué se efectuará al desaparecer la iglesia de la tierra?
3. ¿Qué sucede al abrirse el primer sello?
4. Describa el jinete y cuál es su función.
5. Explique los efectos al abrirse el segundo sello.
6. Haga un análisis de lo que sucede al abrirse el tercer sello.
7. ¿Qué impacto tienen los caballos blanco, amarillo y negro? Y ¿qué significa?

Explique el significado de:
Caballo blanco
Caballo amarillo
Caballo de color rojo encendido
Hades
El jinete

# Capítulo 7

# Los redimidos de la gran tribulación

En este capítulo llegamos a la primera visión parentética, que aunque no se considera desde el punto de visto cronológico tiene grande significado. Los juicios de los seis sellos se extienden sobre todo el período de los últimos siete años de «los tiempos de los gentiles», el jinete del caballo blanco, el anticristo, quedará hasta el fin; las guerras continuarán hasta el fin y terminarán en la batalla del Armagedón, y habrá mucha hambre y pestilencia.

Los juicios de las trompetas y las copas son más grandes y más terribles que los juicios de los sellos. En cierto sentido, los efectos y resultados que se manifiestan continuamente, se ven paralelos

### TESTIGOS VERDADEROS

Durante todo este tiempo terrible de apostasía en el mundo y de desintegración y degeneración social, Dios tendrá sus testigos verdaderos en la tierra. Como él reservó siete mil en los días de Acab, quienes no doblaron la rodilla a Baal (1 Reyes 19:18), así habrá «un remanente escogido por gracia» (Romanos 11:4-6). Y Dios reservará a ciento cuarenta y cuatro mil de Israel, quienes durante el período de la gran tribulación no doblarán la rodilla al anticristo.

El capítulo 7 nos dice del núcleo del nuevo Israel, y de una multitud de otras naciones quienes serán fieles a Cristo en medio de la gran apretura. Ni uno de estos dos grupos es la iglesia, porque ya la iglesia está en el cielo con Cristo.

## EL GRUPO SELLADO

El grupo sellado es Israel, ni místico ni espiritual, sino doce mil de cada tribu, la simiente de Abraham que vivió en la tierra en aquel tiempo. Su sello, no el de Efesios 1:13,14, sino el de Apocalipsis 14:1 parece que será literal. Lo opuesto de la marca visible dada a los seguidores del anticristo (Apocalipsis 13:16-18).

Después del rapto de la iglesia al cielo, y cuando entre a la plenitud de los gentiles, el Señor volverá a llamar a Israel por misericordia, antes que caigan los juicios, un grupo que también será sellado (Romanos 11:25,26; Ezequiel 9:1-7).

Este remanente, iluminado por el Espíritu Santo, pasará por toda la semana restante que es la última de las setenta semanas de Daniel 9:24. Muchos sufrirán el martirio pero la mayor parte durarán hasta el fin, y entonces serán salvos por su Rey, nuestro Señor cuando él venga en gloria.

## LOS CIENTO CUARENTA Y CUATRO MIL

El número ciento cuarenta y cuatro mil, es decir, doce mil de cada tribu, es un número simbólico y representa el gobierno completo en la tierra por la nación restaurada y redimida de Israel.

Entre los nombres de la tribus selladas se omiten los nombres de Dan y Efraim, y los nombres de José y Leví quedan en su lugar. La razón de esto se encuentra en (Génesis 49:17; Deuteronomio 29:18-21 y 1 Reyes 12:25-30; Oseas 4:17). Es evidente que las tribus de Dan y Efraín tendrán que pasar por la tribulación sin la protección de su sello. Pero hay que destacar que ellos están en la lista de las doce tribus que ocuparán la tierra santa durante el milenio (Ezequiel 48:1-7; 23-29). Este grupo sellado tiene un gran testimonio.

El otro grupo de redimidos, versículos 9-17, no está sellada «de todas las naciones y tribus». Ellos salen de la gran tribulación, Mateo 24:21. Es probable que sean reincidentes, quienes aprendieron la justicia por medio de los juicios o castigos.

## CONCLUSIÓN

Su galardón se demuestra en estar «delante del trono», «vestidos de túnicas blancas, y con ramas de palma en las manos». Se ven con gran regocijo sirviendo a Dios y el Cordero les da protección y suple todas sus necesidades.

**PREGUNTAS PARA ESTUDIO**

1. Describa la época y los testigos verdaderos de Dios
2. ¿Qué significan los doce mil?
3. ¿Qué relación hay entre los doce mil y los ciento cuarenta y cuatro mil?

# Capítulo 8

# Las siete trompetas

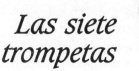

## EL SÉPTIMO SELLO

Cuando se abre el séptimo sello del libro, el cual leemos en el capítulo 5, quedan abiertos por completo todos los sucesos y acontecimientos de las siete trompetas, y las siete copas se incluyen en él, y nos lleva al principio del milenio (11;15).

Como un cohete encendido al aire y reventándose en siete estrellas, y una de estas estrellas reventándose haciendo otras siete estrellas, y una de estas de la segunda serie, convirtiéndose todavía en un grupo de siete estrellas más; de este modo el séptimo sello incluye las siete trompetas y la séptima trompeta incluye, las siete copas.

La «media hora» de silencio en el cielo (v.1), describe que al abrirse el séptimo sello cosas solemnes acontecerán.

### EL ROLLO DEL LIBRO SE ABRE

El rollo del libro está abierto, hay una calma ominosa por todo el cielo, mientras los siete ángeles se alistan para sonar sus trompetas de juicio. Ahora, media hora no es mucho tiempo, a menos que uno no sepa lo que va a acontecer. Cuando la vida de un ser querido depende de la rapidez de alguien que puede salvarlo de la muerte en un incendio, en el mar, entonces un minuto o un segundo parece ser una eternidad. El suspenso de la media hora de silencio en el cielo será muy intenso, sin aliento esperarán la dinámica explosión. Será la calma antes de la tempestad; primero relámpagos, luego truenos, ahora viene, la calma de muerte, cuando de repente estalla la tempestad con gran furia.

Después de la media hora de silencio en el cielo Juan vió a los siete ángeles: «Y vi a los siete ángles que están de pie delante de Dios, a los cuales se les dieron las siete trompetas» (v. 2). Ellos son los ministros más poderosos de Dios (Lucas 1:19).

## EL USO DE TROMPETAS EN EL ANTIGUO TESTAMENTO

Las trompetas se usaban en el tiempo del Antiguo Testamento de las siguiente maneras:

1. Para llamar a la guerra (Números 10:9).
2. Para convocar al pueblo y para levantar el campamento (Números 10:2).
3. En las fiestas solemnes (Números 10:10; 2 Crónicas 29:27).
4. Al coronar a los reyes (2 Reyes 9:13).
5. En la manifestación de la majestad y poder de Dios (Éxodo 19:16; Amós 3:6).
6. Al anunciar la destrucción de los injustos (Josué 6: 13-16).
7. Al echar los cimientos del templo de Jehová (Esdras 3:10).

## EL SIGNIFICADO DE LAS TROMPETAS

Estas siete trompetas en el Apocalipsis son a la vez «trompetas de guerra» que dan notas de alarma y juicio a un mundo apóstata; y «trompetas de júbilo» que anuncian a Israel que el tiempo de su liberación y restauración llegó. Jericó cayó al sonido de siete trompetas, y este mundo perdido y mundano va a caer al sonido de siete trompetas. Nótese cómo Israel está implicado en cada uno de estos sucesos.

También, notemos que el sonido de las trompetas tienen tres propósitos importantes en la profecía:

1. Para advertir que viene el juicio
2. Para llamar las fuerzas del bien y del mal para la batalla,
3. Para anunciar el regreso del Rey, el Mesías. Mientras los creyentes esperan a su Señor, deben mantenerse firmes con su lámparas encendidas.

### EL ANGEL EN EL ALTAR

Antes que sonaran las siete trompetas, Juan vio otro ángel con un incensario de oro en su mano parado junto al altar. «Y se le entregó mucho incienso para ofrecerlo, junto con las oraciones de todo el pueblo de Dios, sobre el altar de oro que está delante del trono» (v. 3). Esta es una escena totalmente distinta a las escenas de los versículos 1 y 2 de este capítulo. Este ángel sacerdote no puede ser otro sino el Señor Jesús mismo, quien se ve aquí como el Gran Sumo Sacerdote oficiando a favor de los angustiados santos de la tribulación. Ningún ángel puede ser. Solo él que es el único intercesor, puede hacer esto. Las oraciones de los santos son para la intervención divina y para que los libre de sus enemigos y se vengue de ellos.

El Señor les contesta de acuerdo con sus oraciones. Él llenó «el incensario ... con brasas del altar, las cuales arrojó sobre la tierra» (v. 5). Los juicios siguen e Israel es vengado de sus adversarios (Lucas 18:1-8).

Los juicios que siguen a los sonidos de las trompetas son algo difícil para interpretarse en este tiempo. Es cierto que serán literales, porque si estas cosas acontecieron antes, ¿por qué no acontecerán otra vez? Las plagas o juicios de Egipto fueron literales, y estas nos dan la clave a la conformidad literal de los juicios del Apocalipsis. No menos de cinco de los diez juicios de Egipto se repetirán durante el período de la tribulación.

### LA PRIMERA TROMPETA

Al sonar la primera trompeta, la plaga que resulta (vv. 6,7), es igual a la séptima plaga de Egipto (Éxodo 9:22.26). Al sonar la primera trompeta solo una tercera parte de la tierra será destruida. Es un juicio parcial de Dios. Su juicio final todavía no se desatará.

### LA SEGUNDA TROMPETA

Los juicios pueden ser tanto simbólicos como literales. Por ejemplo, «la gran montaña envuelta en llamas», arrojada en el mar con resultados, al sonar la «segunda trompeta» (v. 8). Una montaña en las Escrituras simboliza un reino y el mar tipifica la inquieta masa de humanidad (Isaías 2:2; Apocalipsis 17:15; Jeremías 51:24-26). Cierto gran reino ardiendo, con fuego de revolución y anarquía es arrojado en el mar de las naciones con horribles resultados.

## LA TERCERA TROMPETA

Al sonar de la tercera trompeta «una enorme estrella, que ardía como antorcha, cayó desde el cielo sobre la tercera parte de los ríos y sobre los manantiales. La estrella se llama Amargura» (vv. 10 y 11). El nombre del planeta estrella era Ajenjo que significa amargura y representa lo amargo de los juicios de Dios. Esto puede tipificar el final anticristo, quien ostentando honores y autoridad divina, después de obtener millones de seguidores devotos, de repente apostatarán y se revelarán en su verdadero carácter como «el hombre de pecado» (2 Tesalonicenses 2:3,4; Apocalipsis 13:11-18). El resultado será una gran corrupción en las doctrinas y la moral, y habrá mucho sentimiento amargo como el ajenjo.

También esto podría ser un meteoro cayendo y esparciendo vapores gaseosos en la explosión, envenenando así las fuentes de aguas (Jeremías 9:13-15)

## LA CUARTA TROMPETA

En el versículo 12, al sonar la cuarta trompeta afectó el sol, la luna y las estrellas. Esto se asemeja a los efectos del sexto sello, en el capítulo 6:12,13, y nos recuerda la profecía de Jesús en Lucas 21:25-28. Las tinieblas que resultan nos recuerdan Éxodo 10:21-23.

El capítulo 8 concluye describiendo el volar de un ángel que introduce las últimas tres trompetas. Lleva un clamor de ayes que están descritos en Mateo 24:28 y en el Apocalipsis 19:17,18.

## PREGUNTAS PARA ESTUDIO

1. ¿Qué período de tiempo cubren los sellos?
2. Haga una lista de que sucederá al desaparecer la iglesia.
3. Describa lo que acontece al abrirse el primer sello.
4. Haga un análisis del jinete y su caballo.
5. Defina los sucesos al abrirse el segundo sello.
6. Describa simbólica y proféticamente el caballo rojo y el amarillo.

# Capítulo 9

## La quinta trompeta y el primer ay

El quinto ángel al final del capítulo cinco anuncia «los Ayes». «Y oí un águila que volaba en medio del cielo y gritaba fuertemente: ¡Ay! ¡Ay¡ ¡Ay, de los habitantes de la tierra cuando suenen las tres trompetas que los últimos tres ángeles están a punto de tocar!» (8.13).

Los juicios de las otras trompetas afectaron la tierra, los árboles, la hierba, el mar, las fuentes, los ríos, el calor y la luz del sol, la luna y las estrellas. Pero los juicios aquí en el capítulo 9 son diferentes; el pozo del abismo se abre y salen demonios para atormentar a muchos.

### EL ABISMO

«Vi que había caído del cielo a la tierra una estrella» (v. 1). Satán cayó del cielo (léase Lucas 10:18 y Apocalipsis 12:12). La llave del pozo del abismo se le dio y procedió a soltar agentes infernales sobre el mundo de inicuos (2 Tesalonicenses 2:11; Romanos 1:28).

«Pozo del abismo», la región de la muerte y el Infierno, la morada de los ángeles caídos y de los demonios (Judas 6; Lucas 8:27-31; 2 Pedro 2:4).

«Del pozo subió una humareda, como la de un horno gigantesco ... y la humareda oscureció ... De la humareda descendieron langostas» (vv. 2,3). Este éxodo grande y terrible bajó a la tierra, espíritus de demonios del abismo, para atormentar a los hombres, tantos, que oscureció el sol y el aire. Los hombres escogen a Satanás, y por esto Dios le permite probar de su poder y malignidad terrible, soltando estos demonios. Tienen poder de escorpiones y no se les permite dañar «la hierba de la tierra, ni ninguna planta ni ningún árbol, sino sólo a las personas que no llevaran en la frente el sello de Dios» (v. 4). No se les dio permiso para matarlas, sino sólo para torturarlas durante cinco meses» (v. 5).

Tan terrible será la angustia de los que serán atormentados por estos demonios que «la gente buscará la muerte ... desearán morir pero la muerte huirá de ellos» (v. 6).

### EL SELLO DE DIOS

La descripción de estos espíritus que se describen como langostas en los versículos 7 al 10 muestran que son rápidos, inteligentes, seductores y destructores. Tienen un rey sobre ellos, cuyo nombre es dado en hebreo Abadón y en griego Apolión (v. 11). Esto nos da una idea que tanto los gentiles como Israel sufrirán atormentados, a no ser que tengan el sello de Dios en sus frentes (Léase Joel 2:4-10).

Estos días serán terribles para vivir, y en especial para los que tienen «la marca de la bestia», porque ellos serán víctima de estos demonios por cinco meses. Siendo espíritus no serán visibles al ojo natural; pero su presencia será conocida por el tormento que causarán. Los hombres no podrán protegerse de estos espíritus por el humo y las tinieblas que le acompañarán; esto hará el ambiente más horroroso y terrible.

### LA SEXTA TROMPETA

Al sonar la sexta trompeta Juan oyó «una voz que salía de entre los cuernos del altar» (v. 13). Todas las cosas tienen voz, por ejemplo, «la voz de la sangre de Abel». La sangre sobre los cuernos del altar clamó por misericordia y perdón. Aquí llama para juicio; significando que el plan de Dios de expiación y mediación por la sangre de Jesús y su ministerio como Sumo Sacerdote, es pasado por alto (Hebreos 10:31).

Al sexto ángel se le da la orden de soltar «los cuatro ángeles que están atados» (v. 14). Parece que están detenidos aquí para traer juicio en el tiempo señalado y cuando son sueltos les siguen un ejército de doscientos millones de jinetes (vv.15,16). El río Éufrates, es el lugar donde estuvieron atados estos espíritus infernales, el lugar donde acontecieron los primeros ataques de los poderes malignos en contra de la raza humana. Fue el sitio del primer homicidio, de la torre de Babel y el centro universal de la idolatría demoníaca de Babilonia.

Los ejércitos sobrenaturales no son desconocidos en las Escrituras, y lo demuestran las siguientes referencias: (2 Reyes 2:11; 6:13-17; Apocalipsis 12:7;19:14).

### JINETE DE SATANÁS

Estos no son caballos literales, sino espíritus de demonios del abismo, y estos «jinetes de Satanás» con descripción tan diabólica en los versículos 17-19 salen y matan la tercera parte de los hombres. Tal vez durarán un año, un mes, un día o una hora (v. 15). Así como los demonios de langostas del primer «Ay», esta caballería infernal será invisible al ojo natural y los hombres no podrán defenderse contra sus ataques.

Los versículos 20 y 21 muestran que la terrible destrucción de la tercera parte de los hombres por el ejército infernal, no produce arrepentimiento en los demás. Son tan ciegos y apóstatas que siguen el culto a demonios y en la corrupción moral.

En nuestra sociedad hay muchos que rinden «cultos a los demonios». Les tienen grandes templos ubicados en las ciudades más grandes de los Estados Unidos.

La historia nos dice que en mil novecientos treinta y tres se celebró en París, Francia, una convención «contra Dios» y hubo dos mil setecientos delegados que profesaron representar trece millones de gentes que decían que dentro de cinco años más tendrían cincuenta millones de seguidores. En esta convención reportaron que publicaban ciento ochenta revistas por semana «contra Dios». Veintiuna de estas revistas son publicadas en la ciudad de París. En la actualidad, el ateísmo se organiza para oponerse a orar en las escuelas; y en la estructura del gobierno se están esforzando para erradicar todo conocimiento de Dios.

La condición moral en el mundo entero es alarmante, así como los crímenes cometidos en los Estados Unidos. Tratar de educar a la juventud y apartarla de las consecuencias del mal está costando mucho dinero.

## CONCLUSIÓN

Este capítulo 9 nos indica que la humanidad se va deslizando poco a poco, hasta que un día se den cuenta que ya no hay regreso de su forma de vivir. Los síntomas de perdición que se experimentan incluyen la pornografía, las drogas, el pandillerismo y la hechicería.

También, en la estructura de muchos gobiernos se nota la inmoralidad y la corrupción.

## PREGUNTAS PARA ESTUDIO

1. Describa el abismo en relación con el Infierno.
2. Describa los espíritus como langostas.
3. ¿A quién oye Juan al sonar la sexta trompeta?
4. Describa los jinetes de Satanás.
5. Explique cómo el hombre hace planes contra Dios en la historia.

Diga lo que significa:
Ayes
Langostas
El abismo
Jinetes de Satanás

# Capítulo 10

## La entrada de Cristo en persona como juez

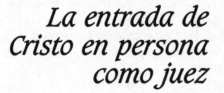

L os capítulos 10 y 11 deben estudiarse en paralelo. Ellos forman el segundo paréntesis entre la sexta y la séptima trompeta. Recordemos que el primer paréntesis vino entre el sexto y el séptimo sello. El tercer paréntesis se encuentra entre el sexto y la séptima copa.

El tercer paréntesis se encuentra entre la sexta y la séptima copa.

### EL ÁNGEL QUE DESCIENDE DEL CIELO

En el versículo 1 notamos la descripción que se hace del ángel que desciende a la tierra. «Vi a otro ángel poderoso.» La mayor parte de los eruditos indican que es el Señor Jesús. Le vemos en forma de un ángel en el capítulo 8:3-5, antes de ser abierto el séptimo sello, y aquí, antes de sonar la séptima trompeta, aparece otra vez, como ángel.

Notemos las descripciones que se hacen del ángel y su alrededor «la nube», «el arco iris» «su rostro era como el sol, y sus pies como bronce al rojo vivo.» Todas estas imágenes revelan su personalidad (Éxodo 19:16-18; 33:10; Mateo 24:30; 26:64; Hechos 1:9; Apocalipsis 1:15,16).

En el versículo 2 dice: «Puso el pie derecho sobre el mar y el izquierdo sobre la tierra.» Como una señal de posesión y ocupación. Por mucho tiempo el mundo estuvo bajo el dominio de sus enemigos, pero ahora en este acto Juan ve que Cristo toma posesión de su propiedad. «Todo lugar donde plantan el pie será de ustedes» (Deuteronomio 11:24).

En el versículo 3: «Y dio un grito tan fuerte que parecía el rugido de un león», esto significa su autoridad vengativa

117

ahuyentando a sus enemigos. Él es el León de la tribu de Judá (Apocalipsis 5:5; Jeremías 25:29-31).

En el versículo 4: «Los siete truenos levantaron también sus voces.» Juan oyó pero no le fue permitido entender con claridad lo que decían (Juan 12:29).

Versículo 5-7. «El ángel ... juró ... ¡El tiempo ha terminado!» Una proclamación notable. Se dilató muchos siglos la consumación del gran día de Dios. Por ejemplo: Eva, Simeón, Juan el Bautista, los cristianos primitivos, quienes esperaban el cumplimiento inmediato de la promesa de Dios; pero en su gracia él dilató el tiempo. Pero en los «días que hable el séptimo ángel» el misterio de Dios será consumado. ¿Qué es el misterio de Dios? El misterio de Dios consiste, en el por qué Dios permitió que Satanás causara la caída del hombre y de esta manera trajera el pecado, la miseria y la muerte al mundo. Cuán grande es este misterio. El mal en apariencia triunfó; los cielos se mantuvieron en silencio por largo tiempo; a Satanás se le permitió ser el dios de este siglo, engañando a los hombres y a las naciones. Israel también está incluido en este misterio.

En los versículos 8-10. «El rollo» Es probable que sea el mismo rollo de la redención del Apocalipsis 5:1-5 y contiene toda la profecía y los derechos reales y sacerdotales de Jesús. Tal vez sea el mismo libro que a Daniel le fue dicho: «Sella el libro hasta la hora final» Daniel 12:4,9. En este libro están las profecías de las cosas que le sucederán a Israel durante la última mitad de la «septuagésima semana». Con razón fue «amargo en las entrañas de Juan» porque mientras leía los terribles sufrimientos que vendrían sobre el mundo, y sobre Israel durante el tiempo del anticristo, y cómo se derramaría la ira de Dios, su alma se amargó, pero al leer de las liberaciones que vendrían a Israel, de la victoria final del Mesías, y del establecimiento de su reino, el libro fue «dulce como la miel» en su boca (Véase Ezequiel 2:8-3:3).

En el versículo 11 dice: «Tienes que volver a profetizar.» Estas cosas que Juan tiene que volver a profetizar están en los siguientes capítulos.

**PREGUNTAS PARA ESTUDIO**
1. Describa el ángel que desciende del cielo,
2. ¿Por qué hubo dilación en el cielo?
3. Describa el librito.

# Capítulo 11

## Los dos testigos

Los acontecimientos de este capítulo son los primeros resultados de lo que estudiamos en el capítulo anterior. El clímax de juicio avanza muy rápido de aquí en adelante.

En el versículo 1 dice: «Se me dio una caña». El mismo «ángel poderoso» que le dio a Juan «el rollo» y le dijo: «cómelo», ahora le dice: «Levántate y mide el templo.» No el templo de Herodes, porque aquel fue destruido algunos años antes que Juan tuviera esta revelación, cuando los ejércitos romanos sitiaron a Jerusalén. Este es el templo futuro que será edificado por los judíos en los últimos días de «los tiempos de los gentiles».

En este templo el anticristo aparecerá en persona y demandará adoración divina (2 Tesalonicenses 2:3,4). Allí se levantará la «abominación de desolación» (Mateo 24:15; Daniel 12:11; Apocalipsis 13:14,15).

No será el templo descrito por Ezequiel en los capítulos 40—48, el templo del milenio, sino uno que los judíos edificarán al volver a Jerusalén en mayor número. En este tiempo se destruye la décima parte de la ciudad (v. 13).

El medir es un acto de juicio. Cristo está para echar mano a su herencia, y su primer acto es el de tomar posesión de sus verdaderos creyentes en Israel. Los que están dentro de los límites medidos son los verdaderos adoradores del templo, y serán separados de los apóstatas del «atrio exterior» (véase Zacarías 2 y el Salmo 79).

Lo que se mide es, el templo, el altar y los que adoran allí (1 Pedro 4:17). No es la iglesia de Cristo, porque ella ya fue arrebatada. Ni tampoco es el templo celestial, porque allí en la ciudad santa, no hay distinción entre judíos y gentiles (Nehemías 11:1,18; Isaías 52:1. Nótese el contraste que hay con Apocalipsis 21:11-27). «Pero no incluyas el atrio exterior del templo; no lo midas» (v. 2).

Después de esto se ve que Dios otra vez comienza a reconocer a los judíos (Lucas 21:24). «Hollarán la santa ciudad cuarenta y dos meses.» Los cuarenta y dos meses mencionados por primera vez en este libro de Apocalipsis son idénticos con los mil doscientos sesenta días y con «el tiempo, dos tiempos y la mitad de un tiempo» de la profecía de Daniel. Son los últimos tres años y medio de los «tiempos de los gentiles», la última mitad de la «septuagésima semana de Daniel» la «apretura de Jacob» o el período de la gran tribulación.

### MIS DOS TESTIGOS

«Mis dos testigos» (v. 3). Son dos hombres. ¿Quiénes son ellos? La Biblia dice lo siguiente: «Y así como está establecido que los seres humanos mueran una sola vez» (Hebreos 9:27). Los que nunca morirán son aquellos de quienes habla Pablo en 1 Corintios 15:50-57 y Tesalonicenses 4:15-18. Tal vez estos dos testigos, como algunos creen, sean Enoc y Elías, porque estos dos no experimentaron la muerte todavía (Génesis 5:24 y 2 Reyes 2:11,12. Los judíos hasta hoy lo esperan (Juan 1:19-21). Juan vino en el espíritu de Elías, más no era él en persona (Mateo 17:10-12 y Lucas 1:17).

Algunos creen que los dos testigos serán Moisés y Elías por los milagros que hacen y también porque el Señor los llama «mis dos testigos» y porque ellos estuvieron con él sobre el monte de la transfiguración (Mateo 17:3). Se cree que ellos eran los «dos hombres con ropas resplandecientes» (Lucas 24:4-7), que se le aparecieron a las mujeres después de la resurección, y a los discípulos al tiempo de su ascensión (Hechos 1:10,11).

Estos dos testigos son los últimos profetas. Serán un poderoso testimonio en Jerusalén durante «el tiempo del fin».

«Los dos olivos, y los dos candeleros» (v. 4). Ellos son el antitipo de «los dos olivos», del capítulo 4 de Zacarías, Zorobabel, un príncipe del cautiverio babilónico y José el sumo sacerdote. Estos dos volvieron juntos en la restauración y reedificación de Jerusalén, en medio de dura oposición del enemigo. Los dos olivos producen el aceite que mantiene encendidos los candeleros. Por un pequeño tuvo o conducto fluía el aceite a los candeleros y así alumbraban ante Dios.

Es un retrato glorioso de estos «dos testigos» que «dejarán brillar su luz» durante aquellos días tan oscuros.

«Ellos lanzan fuego por la boca» (v. 5). Tiene poder para ejecutar juicio de inmediato. La dispensación de la gracia termina, ellos muestran un espíritu diferente del que mostraron los ministros de la gracia de Dios. Por ejemplo, Jesús, Esteban, Pedro y otros. Pero, compárese con el ministerio anterior de Elías (2 Reyes 1:1-12).

«Tienen poder para cerrar el cielo ... tienen poder para convertir las aguas en sangre» (v. 6). (Deuteronomio 28:23,24; Santiago 5:17,18). Las plagas y milagros serán semejantes a los de Egipto, y a los juicios que ejecutaba el Profeta Elías.

«Cuando hayan terminado de dar su testimonio, la bestia ... los matará» (v. 7). Durante los mil doscientos sesenta días, que ellos testificarán, serán inmortales, pero cuando esto termine, el anticristo los matará.

«Sus cadáveres quedarán tendidos en la plaza ... y gente de todo pueblo ... contemplará sus cadáveres por tres días y medio, y no permitirá que se les dé sepultura» (vv. 8,9). Esto acontece en la ciudad de Jerusalén, «donde también nuestro Señor fue crucificado». Sus enemigos muestran su odio al no permitir que sean sepultados.

«Se alegrarán de su muerte ... e intercambiarán regalos» (v. 10) Festejarán su muerte y se alegran porque estos profetas les atormentaron con su testimonio y sus plagas.

«Pasados los tres días y medio ... se pusieron de pie, y quienes los observaban quedaron sobrecogidos de temor. Entonces los dos testigos oyeron una potente voz del cielo ... Suban acá» (v. 11,12). Este milagro causará gran temor sobre sus enemigos y los apóstatas que ridiculizaron la idea de una resurrección física de la muerte, y el arrebatamiento de los santos vivos al cielo. Habrá una demostración de esta verdad gloriosa delante de sus ojos.

Estos testigos resucitados pertenecen a la primera resurección (Apocalipsis 20:4). La primera resurección y rapto de la iglesia es una «serie» de sucesos y no un solo acontecimiento, «pero cada uno en su orden» (1 Corintios 15:23).

El temor o espanto de los «sodomitas» de Jerusalén se aumenta mucho más cuando la ciudad entera se sacude por un poderoso terremoto. Esta gran convulsión de la naturaleza derrumba «la décima parte de la ciudad ... Perecieron siete mil personas (v. 13). Los que sobrevivieron esta visitación de la ira de Dios «dieron gloria al Dios del cielo», pero no hubo arrepentimiento, fue solo por temor de perecer.

## LA SÉPTIMA TROMPETA

La séptima trompeta y el tercer «Ay» (vv. 14-18), nos llevan hasta el fin de la tribulación y al principio del reinado milenario de Cristo. Jerusalén se libera y él, quien solo es digno, recibe el reino. Al sonar la séptima trompeta, no se produce ningún suceso inmediato, ni se anuncia juicio inminente, más bien, con el toque de la trompeta, se presenta una escena en el cielo, y una de las afirmaciones más grandiosas de la Biblia acerca de Cristo «El reino del mundo ha pasado a ser de nuestro Señor y de su Cristo, y él reinará por los siglos de los siglos.» Todo el cielo adora y se regocija. Atestiguaron la oposición horrible de los hombres hacia Dios y se regocijan al verlo terminar. Las naciones se amotinaron (Salmo 2; 46:6). La ira de Dios se derramó y termina en el Armagedón; los santos recibieron su recompensa y al fin triunfa la justicia.

El versículo 18 cubre todo el milenio y los lleva hasta el juicio del gran trono blanco en el capítulo 20 de Apocalipsis.

«Señor, Dios Todopodeoso, que eres y que eras, te damos gracias porque has asumido tu gran poder y has comenzado a reinar» (v. 17).

Si ustedes estudian el contexto entre este capítulo y el 12, notarán que el versículo 19 pertenece o corresponde al capítulo 12.

El arca del pacto mencionada en este capítulo del Antiguo Testamento era valiosa para el pueblo de Israel. En el capítulo 37 de Éxodo hay un relato más completo del significado de este arca. Algunos comentaristas opinan que lo que Juan ve ahora en el cielo es un templo de Dios y el arca de su pacto no parece ser el mismo que estuvo con Israel durante la travesía del desierto, porque ni aun existió en los tiempos de Cristo. Más bien Juan vio un templo con el santuario en su interior.

## PREGUNTAS PARA ESTUDIO

1. Describa la escena en el Monte de Sión.
2. Enumere las características de los ciento cuarenta y cuatro mil.
3. ¿Qué diferencia hay entre el cántico de Moisés y del Cordero?
4. Describa en tiempo y espacio la gran tribulación.
5. ¿En qué consistirá la marca de la bestia?
6. Diga su opinión en cuanto a si la iglesia pasará por la gran tribulación.

# Capítulo 12

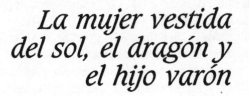

# La mujer vestida del sol, el dragón y el hijo varón

En los capítulos 12 y 13 la gran tribulación de mil doscientos sesenta días aparece como el asunto preeminente. Como ya vimos, la séptima trompeta nos lleva hasta el fin de la gran tribulación. Ahora, la narración regresa, y otro paréntesis sigue al sonido de la séptima trompeta. El capítulo 12 constituye este paréntesis, y propiamente empieza con el versículo 19 del capítulo 11, como dijimos anteriormente.

Juan está otra vez en el cielo y estando abierto el templo de Dios ve el arca del pacto. El arca contiene el pacto hecho con Israel. Este siempre ha sido señal de la presencia de Jehová con los israelitas; y su aparición aquí es muy significativa. Dios está con ellos para acordarse de su pacto y el tiempo de su bendición nacional llegó, y así aparece el arca, «hubo relámpagos, estruendos, truenos, un terremoto, y una fuerte granizoda». Todo esto es un simbolismo de la ira venidera sobre los opresores de Israel.

Los capítulos 12, 13 y 14 forman un bosquejo de acontecimientos que tienen que ver en especial con Israel. Hay que tener en cuenta esta verdad al estudiar estos capítulos.

## UNA MUJER VESTIDA DEL SOL

«Apareció en el cielo una señal maravillosa» (v. 1). Estudiando estas palabras nos damos cuenta que las cosas que se describen en el capítulo son simbólicas y no literales. «Una mujer vestida del sol» representa el pueblo del Señor, desde el tiempo de Set, cuando «se comenzó a invocar el nombre del Señor» (Génesis 4:26), hasta la venida del Señor

127

a la tierra (Cantares 6:10; Isaías 54:1-17. Estando vestida del sol, esta mujer ha sido la luz del mundo (Romanos 3:1,2; Mateo 5:14-16; Isaías 92; Filipenses 2:15; Salmo 84:11). «Con la luna debajo de sus pies» simboliza la decadencia del típico sistema antiguo bajo la ley «Sois hijos de la luz y del día ... no somos de la noche y de la oscuridad» (1 Tesalonicenses 5:5). Israel es el pueblo que se asocia siempre con el número 12, de modo que las doce estrellas de su corona nos hablan de sus doce tribus, los doce patriarcas, y los doce apóstoles.

Los dolores de esta mujer simbólica en el versículo 2 son una representación de la consumación de todos los sufrimientos que ha sufrido el pueblo de Dios en manos de Satanás desde el tiempo de Caín (Génesis 4:11,12) hasta la gran tribulación, la que está también incluida.

### EL DRAGÓN

La segunda «señal» que Juan ve en este capítulo es un «enorme dragón de color rojo encendido» (v. 3). Que como vemos en el versículo 9, es «aquella serpiente antigua, que se llama Diablo y Satanás». Su color es rojo, color de sangre, porque «desde el principio este ha sido un asesino» (Juan 8:44).

Tiene siete cabezas coronadas de siete diademas y diez cuernos, que simbolizan la universalidad de su dominio. Debemos añadir que el número siete tipifica la perfección de su poder (Capítulos 17:9-17). Satanás es «el príncipe de este mundo» (Juan 12:31; 16:11) y el «que gobierna las tinieblas» (Efesios 2:2; 6:12). Durante la gran tribulación todo el mundo yacerá plenamente «el diablo lleno de furor ha descendido a ustedes» (1 Juan 5:19; Apocalipsis 12:12).

«Las estrellas del cielo» (v. 4), arrastradas por la cola del dragón son los ángeles que cayeron con Lucifer (Isaías 14:12; 2 Pedro 2:4; Judas 6); y sin duda se refieren a la rebelión original. Juan nos dice que el dragón se puso delante de la mujer que estaba para dar a luz, a fin de devorar a su hijo. El registro de divina revelación desde el Génesis hasta el Apocalipsis, es la tragedia del dragón. Siempre a punto de llevar a cabo sus nefandos intentos, pero no lo consigue, solo consigue la derrota permanente. El capítulo 12 del Apocalipsis es un resumen histórico del conflicto de los siglos.

«El hijo varón ... arrebatado hasta Dios», (v. 5) representa los santos vencedores de la dispensación de la gracia que estarán listos para ser arrebatados. La misma compañia del capítulo 5:9 y 10 que cantan el cántico nuevo.

### LA MUJER HUYÓ AL DESIERTO

La mujer que huyó al desierto en el versiculo 6 simboliza el pueblo de Dios dejado en la tierra, tanto judíos como cristianos reincidentes, que tendrán que pasar por la gran tribulación de mil doscientos y sesenta días o tres años y medio.

Otros enseñan que esta mujer vestida del sol representa solo a Israel y dan las siguientes razones:

1. Israel es la «hija de Sión, como mujer a punto de dar a luz» (Miqueas 4:10; 5:3).

2. De Israel vino el Mesías (Isaías 9:6,7; Romanos 9:5).

3. Israel era el pueblo del desierto (Juan 3:14 y 6:31; Éxodo 16:1,14).

4. Israel fue la nación a quien fueron dadas «alas de águilas» (Éxodo 19:4).

Ellos enseñan que el dragón delante de «la mujer que estaba a punto de dar a luz, a fin de devorar a su hijo, tan pronto como naciese» (v. 4) significa el propósito de Satán de destruir a Jesús después que naciese para que no fuera a la cruz para redimir al mundo, y con este fin tentó a Herodes por celo y temor a matar por espada a todos los niños menores de dos años (Mateo 2:7,8,13-16 y de igual manera sus muchos ataques sobre la vida del «hijo varón» fracasaron, y al tiempo debido Cristo murió por los inicuos, fue sepultado, resucitó y «fue arrebatado y llevado hasta Dios, que está en su trono» (v. 5).

Satanás no está en el infierno todavía como es la creencia de muchos. Él es un rey que tiene un reino; un gran potentado celestial que reina sobre los poderes (o las potestades de tinieblas en el mundo de los espíritus (Efesios 6:12). Su posición está tan exaltada que aun Miguel, el arcangel no «se atrevió a pronunciar él un juicio de maldición» (Judas 9).

Los versículos 7—9 nos dicen que «hubo una guerra en el cielo» y Satanás y sus ángeles fueron arrojados a la tierra. Miguel, el comandante y jefe máximo, con su ejército, venció a las huestes satánicas y las regiones celestiales fueron limpias. Por todo esto había gran regocijo en el cielo (vv.10-12) pero el capítulo 19:7. Sin embargo, falta un Ay en la tierra.

Viendo Satanás que su tiempo es corto y que está perdiendo territorio, tiene gran ira y persigue con furor al pueblo de Dios.

## CONCLUSIÓN

Los versículos 13—17 nos hablan del tiempo de la angustia de Jacob (Jeremías 30:4-9) o de la gran tribulación (Mateo 24:21) y el dragón rojo hará la obra más terrible durante aquel tiempo de angustia, un trabajo de maldad en contra del remanente fiel. Una guerra horrible se hará en contra de ellos por el anticristo porque ellos rehusarán adorar a la imagen de la bestia (Apocalipsis 13:15) y miles morirán como mártires.

## PREGUNTAS PARA ESTUDIO

1. ¿Qué significado simbólico tiene el arca del pacto para Israel?
2. ¿Quién es la mujer vestida del sol?
3. Describa al dragón y la serpiente con relación a Satanás.
4. ¿Quién arrastró a las estrellas del cielo?
5. Describa la gran guerra en el cielo.

# Capítulo 13

# La bestia que sube del mar y el falso profeta

Aquí se ven los poderes satánicos trabajando durante la gran tribulación por cuarenta y dos meses. Esta trinidad satánica, que consiste en el dragón (antidios), la bestia (anticristo) y el falso profeta (antiespíritu), obran juntos para quitar de la tierra toda verdad que haya quedado. Sus esfuerzos combinados se dirigen en contra del remanente fiel de Israel y el pueblo de Dios entre los gentiles que saldrán de la gran tribulación (Apocalipsis 7:4,9-1).

### LA BESTIA

Juan vio «que del mar subía una bestia» (v.1). Que tenía diez cuernos con coronas y siete cabezas con nombres de blasfemia. Los diez cuernos se mencionan en Daniel 7:24 y el Apocalipsis 17:12 como diez reyes, y los versículos 1-3 se refieren a la última forma del poder gentil universal, un imperio confederado de diez reinos, el Imperio Romano avivado, mientras que los versículos del 4-10 se refieren al emperador, quien enfáticamente es la bestia.

Este Imperio Romano revivido es una unión de los elementos de los imperios universales anteriores, y el emperador posee las principales características de los emperadores anteriores, a los que se suma, el mismo poder de Satanás. «El dragón le confirió a la bestia su poder, su trono y gran autoridad» (v. 2).

Daniel vio los Imperios Babilonia, Medo-Persa y Grecia representados por el león, el oso y el leopardo, respectivamente; después, vio el Imperio Romano como una bestia espantosa y terrible, con dientes de hierro y diez cuernos

(Daniel 7:4-7). Juan ve esta bestia parecida a un leopardo, con pies de oso y boca de león. Así que el Imperio Romano avivado tendrá todos los distintos elementos en un gran monstruo que representa la ligereza de Grecia para conquistar, la tenacidad de propósito como los medo-persas y la voracidad de Babilonia.

Las siete cabezas de la bestia representan las siete formas de gobierno que caracterizaron el Imperio Romano en tiempos pasados. Cinco de ellas existieron antes, la sexta forma estaba en el poder en el tiempo en que vivía Juan, y la séptima representa el gobierno de las naciones europeas en la actualidad. En el versículo 3 Juan vio que «una de las cabezas de la bestia parecía haber sufrido una herida mortal» que sanó. Lo que tenemos proféticamente en este versículo es la restauración a la forma imperial, aunque sea sobre un imperio confederado de diez reinos. La cabeza fue sanada, esto es, restaurada, y hay un emperador otra vez, la bestia.

El Imperio Romano revivido hará en toda la tierra maravillas. Verán a la bestia dotada con energía satánica desafiando a Dios abiertamente, vestida de poder real y autoridad universal. Adoran al dragón (Satán) y la bestia (el anticristo), y por cuarenta y dos meses blasfeman de Dios y hacen guerra contra los santos (v. 4,10).

El anticristo se le reconoce por varios nombres en el Antiguo Testamento:

1. El asirio (Isaías 10:5,6 y 30:27-33).
2. El cuerno pequeño (Daniel 7:8).
3. El rey de rostro fiero (Daniel 8:23-25).
4. Otro príncipe que vendrá (Daniel 9:26).
5. La bestia (Apocalipsis 13:1-8).

Él será un personaje maravilloso, un superhombre que tendrá el poder, habilidad y capacidad de todos los grandes gobernadores, generales y líderes de la historia. Con una personalidad irresistible, sabiduría sobrenatural y con capacidad ejecutiva.

Aparentará ser un gran humanitario y amigo de la raza humana. Su reinado será una falsificación en el milenio.

Él será el amigo especial de los judíos, a quienes él persuadirá que es su Mesías, y que vino a establecer el reino mesiánico. De esta manera él es el cumplimiento de la profecía de Jesús en Juan 5:43. Tal persona no apareció en la tierra todavía, pero la sombra de dicho gran personaje está aquí ahora. Pronto será revelado, después de que se cumpla 1 Tesalonicenses 4:13-18 y sigue 2 Tesalonicenses 2:3,8. Cuando aparece el «otro príncipe que ha de venir», el anticristo, pretendiendo que él es el amigo de los judíos, hará un pacto con ellos por tres años y medio, y entonces lo quebrará y hasta la consumación decretada se derramará ira sobre el pueblo asolado. Durante los últimos tres años y medio es cuando él se manifestará en su carácter diabólico como la bestia del Apocalipsis 13:1-10.

### EL FALSO PROFETA

En los versículos 11-17 vemos otra bestia. Es un maestro y líder religioso. En tres lugares en el Apocalipsis se le llama «el falso profeta» en 16:13; 19:20; 20:10. Jesús tuvo una visión de él cuando dijo en Mateo 24:24: «Porque surgirán falsos Cristo y falsos profetas que harán grandes señales y milagros para engañar, de ser posible, aun a los escogidos.»

Veamos cómo Jesús hace diferencia entre «falsos cristos» y «falsos profetas». Esto es una prueba que el anticristo es la primera bestia y el falso profeta es la segunda bestia. Ambas enseñan diferentes características que no son idénticas. El anticristo hace guerra contra los santos hasta el grado de destruir sus cuerpos. El falso profeta hace que los que habiten en la tierra adoren a la bestia primera, hasta el grado de destruir sus almas.

### LA SEGUNDA BESTIA

La segunda bestia es semejante a un cordero que tiene «dos cuernos» igual a los de un cordero (v. 11). Jesús el Cordero verdadero tiene siete cuernos según Apocalipsis 5:6. Esta bestia se identifica como el falso profeta manso y dócil y de este modo enseña a sus seguidores.

Él hace muchas y «grandes señales milagrosas» (vv. 13,14) imitando a los dos testigos quienes estarán obrando en la tierra entonces (Apocalipsis 11:3-12). Es una operación eficaz del error (2 Tesalonicenses 2:9-12). Él es la falsificación del Espíritu Santo, donde no trata de exaltarse a él, sino al anticristo, y como es la relación del Espíritu Santo a Cristo, hace que todos adoren a la bestia.

El falso profeta da vida a la imagen de la bestia pone una marca a todos los suyos (vv. 15,16 y 14:9-11) todo esto, imitando al Espíritu Santo que es el Espíritu de vida y que nos ha marcado con el sello, para el día de la redención (Efesios 4:30).

El falso profeta «ordenó que hicieran una imagen en honor de la bestia» (v.14). Tal vez pequeñas imágenes, para que todos puedan tener una en sus casas para adorarla. Es una debilidad extraña de la humanidad que debe tener algún dios visible para adorar como por ejemplo, los hijos de Israel en Éxodo 32:1-6. Satanás sabe esta verdad muy bien; y por esto inspira al falso profeta a hacer la imagen de la bestia con el propósito de adoración. También él da poder al falso profeta para que imparta vida a la imagen y la haga hablar y demandar que los que no la adoren sean muertos. Sin duda el espiritismo tendrá parte en esto. Se menciona de «los espíritus mentirosos» hablarán por este muñeco vivo como hablan por un medium humano.

Esto es el cumplimiento antitípico del tercer capítulo de Daniel. El tiempo de los gentiles comenzó con la adoración de una imagen y terminará con la adoración de la imagen de la bestia. Y así como rehusaron postrarse y adorar a la imagen, así mismo habrá fieles que sufrirán la persecución y el martirio en el tiempo del fin.

Otros para evitar las amargas persecuciones del anticristo aceptarán «la marca, que es el nombre de la bestia» y el «sello del infierno» (vv. 16,17) para poder comprar y vender, mientras muchos otros deliberadamente escogerán «el sello de Dios» (Apocalipsis 7:3,4; 9:4; 14:1; Ezequiel 9:2-6), y el martirio mejor que contemporizar con el diablo. Qué acertadas son las palabras del profeta en Isaías 9:15,16.

## CONCLUSIÓN

El número de la bestia es 666 (v. 18). Nadie sabe todavía lo que significa con exactitud. Estos números han sido aplicados a 666 distintos líderes desde Nerón hasta los papas de Roma, y ninguno llegó a ser el anticristo. Los católicos romanos hallan estos números en el nombre de Martín Lutero. Todo ello es no más que una especulación y nos conviene más ocuparnos en establecer el reino de los cielos en lugar de estar haciendo especulaciones. Lo que nos consuela es «número de hombre» y el número del hombre es seis y significa debilidad. El hombre se creó en el día sexto. El número de perfección es siete.

**PREGUNTAS PARA ESTUDIO**
1. ¿En qué consiste la trinidad satánica?
2. ¿Qué imperio vio Daniel en la visión?
3. Haga una lista de los nombres que se le da al anticristo en el Antiguo y Nuevo Testamento.
4. ¿Cuál será la mejor táctica de Satanás para gobernar?

# Capítulo 14

## *El Cordero sobre el monte y las tres admoniciones*

Al igual que hay capítulos en el Apocalipsis que son introductorios a los diferentes juicios que se inician con la apertura de los siete sellos, y con el toque de las siete trompetas. El capítulo catorce es la introducción a la última serie de juicios.

La manifestación del anticristo la contesta la manifestación de Jesucristo. El glorioso día milenario disipa la densa oscuridad de la noche del hombre. Esta gloriosa manifestación se describe admirablemente en el capítulo 19 del Apocalipsis. Lo que aquí vemos es solo un anticipo.

Este capítulo se inicia con una escena en el monte de Sión, que sin duda representa el cielo. En los versículos del 1 al 5 tenemos un retrato de la bienaventuranza venidera conocida como el reinado milenial «el Cordero sobre el monte de Sión», es el cumplimiento del Salmo 2:6 y 132:13,14. «Sión» es la ciudad de David (Jerusalén).

Véase 1 Reyes 8:1; Isaías 24:23; Jeremías 3:17. Este es el lugar donde Cristo estará con sus redimidos cuando él venga a reinar (Isaías 35:10). Los ciento cuarenta y cuatro mil son los mismos del capítulo 7. Se da a entender las siguiente características:

1. El mismo número del capítulo 7.

2. Sellados en su frente con los nombres del Cordero y del Padre.

3. Solo ellos pueden entender el himno nuevo que los arpistas tocan ante el trono.

4. Son las primicias para Dios que no se contaminaron, como orígenes (separados para Dios).

5. Siguen al Cordero por dondequiera que va.

6. Son intachables.

Ellos representan a «todo Israel», quienes serán salvos por la venida del libertador desde Sión (Romanos 11:26). Son «las primicias» de la edad milenaria, saliendo triunfantes de la gran tribulación como rescatados de sobre la tierra. En el capítulo 7 nos dice que fueron sellados y en este capítulo nos dice que aquel sello es «el nombre del Padre».

«El monte de Sión» le une con las promesas hechas a Israel y el trono de David. Al tiempo debido el Cordero, el Mesías de Israel, tomará posesión de la ciudad donde le crucificaron, cumpliéndose lo escrito sobre la cruz: «Rey de los judíos» y con él estará una compañía especial de israelitas rescatados de la gran tribulación.

Los arpistas del versículo 2 son mártires de la gran tribulación que se menciona antes en el capítulo 6:9-11 y de nuevo en el capítulo 15: 2-4 y su himno nuevo (v. 3), es un himno doble, «el himno de Moisés», cántico de victoria cantado por los Israelitas cuando cruzaron el Mar Rojo (Éxodo 15:1-21) y «el himno del Cordero» (Apocalipsis 15:3). Cada palabra del himno de Moisés es para los israelitas, y es muy distinto del cántico de la iglesia en Apocalipsis 5:9,10.

Nadie, sino solo los israelitas podían cantar aquel cántico, los que pasaron por el mar de tribulación. La iglesia no podía cantarlo, como tampoco podían cantar los ángeles, el cántico de redención.

Las características de los ciento cuarenta y cuatro mil, se dan en los versículos 4 y 5: «Éstos se mantuvieron puros, sin contaminarse con ritos sexuales. Son los que siguen al Cordero por dondequiera que va. Fueron rescatados como los primeros frutos de la humanidad para Dios y el Cordero. No se encontró mentira alguna en su boca, pues son intachables.»

La palabra virgen no quiere decir que no había persona casada entre ellos, sino que fueron separados para Dios y puros en su experiencia espiritual. No se mancillaron con la corrupción e idolatría de la mujer, la gran ramera, Babilonia y sus hijas, las instituciones religiosas modernas que niegan a Cristo y al Dios verdadero (Apocalipsis 17:1-6). Se guardaron puros de la fornicación espiritual, y repudiaron por completo la «mentira» y la «eficaz operación del error» de los últimos días (2 Tesalonicenses 2:11; 1 de Juan 2:22).

Enseguida, Juan ve a un ángel que volaba en medio del cielo, y que llevaba «el evangelio eterno para anunciarlo ... a toda nación, raza, lengua y pueblo» (v. 6).

Esto no es la predicación del evangelio de la gracia de Dios durante la dispensación de la iglesia, sino es la buena nueva de las edades proclamada desde Edén por los patriarcas y profetas, el Evangelio del reino, que anuncia el propósito de establecer un reino literal sobre el cual Jesús el Mesías reinará. Los predicadores son los hijos fieles de Dios, el remanente fiel de Israel. En el capítulo 7 vimos el resultado de la predicación de este mensaje en los últimos días y la gran multitud que salía de la gran tribulación, lavados en la sangre del Cordero.

El versículo 7 tiene una aplicación especial a los días finales de la apostasía y juicio y es un llamado al arrepentimiento en vista de la consumación de los hechos. Las naciones que oyen y vuelven a Dios entrarán en el reino venidero. Léase el Salmo 96 teniendo en cuenta esta verdad.

El versículo 8 es un anuncio que anticipa lo que acontecerá cuando la gran tribulación está por terminar. Es un anuncio adelantado de la caída de Babilonia. Los detalles no son dados aquí pero se hallan en Apocalipsis capítulos 17 y 18.

Los versículos del 9 al 12 son también una parte de este último gran mensaje. Es el mensaje final de Dios al hombre, el último esfuerzo de arrancar las almas de la ira que caerá. Hay una amenaza terrible aquí para los adoradores de la bestia.

Hay consuelo para los que rehusaron adorar la bestia o tomar su marca ya que si llegan al martirio, son bienaventurados (vv. 12,13). «De aquí en adelante», durante la gran tribulación. Muchos rehusarán la marca y la adoración del anticristo y por ello «morirán en el Señor». Mucho mejor será vivir y reinar con Cristo en la tierra mil años, que con el anticristo por tres años y medios (Apocalipsis 2:4,6).

Que contraste entre «los muertos bienaventurados» y los que tienen «la marca de la bestia». Los primeros «descansan de sus trabajos», mientras los otros «no tienen descanso día y noche» (vv.11,13).

Los versículos del 14 al 16 son una visión de la siega. Parece que tendrá lugar al mismo fin de la gran tribulación y los versículos del 17 al 20 nos dan la visión del Armagedón. Para poder entender esta visión mejor, estúdiese (Isaías 63:1-6; Joel 3; Zacarías 12—14; Apocalipsis 19:11-21).

## PREGUNTAS PARA ESTUDIO

1. Haga un esquema completo del capítulo 19.
2. Describa los acontecimientos en el monte de Sión y ¿qué significan en profecía?
3. Haga una lista de las característica más sobresalientes de los ciento cuarenta y cuatro mil.
4. Describa la diferencia entre el himno de Moisés y el himno del Cordero. Incluya el contenido de estos cánticos.
5. ¿Qué significado tienen las nuevas de las edades?
6. ¿Qué significa en el capítulo la palabra virgen?

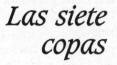

# Capítulo 15

# Las siete copas

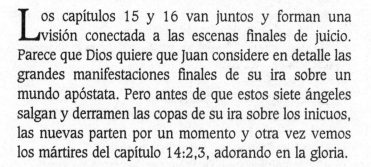

Los capítulos 15 y 16 van juntos y forman una visión conectada a las escenas finales de juicio. Parece que Dios quiere que Juan considere en detalle las grandes manifestaciones finales de su ira sobre un mundo apóstata. Pero antes de que estos siete ángeles salgan y derramen las copas de su ira sobre los inicuos, las nuevas parten por un momento y otra vez vemos los mártires del capítulo 14:2,3, adorando en la gloria.

En el versículo 1 hay una señal en el cielo. Los siete ángeles son administradores del Todopoderoso en sus juicios finales. «Vi también un mar como de vidrio mezclado con fuego» (v. 2). Las aguas no se necesitan más para la purificación (2 Crónicas 4:2-6). Aquí significan perfecto descanso y el ser mezclado con fuego simboliza que pasaron con victoriosa prueba de la bestia y la gran tribulación (1 Pedro1:7).

En los versículos 3 y 4 nos dicen de su himno doble. «El himno de Moisés» (Deuteronomio 32:1-43; Éxodo 15:1-18), es el himno de una liberación terrenal, un himno celebrando el poder, «el himno del Cordero» es de liberación espiritual, un cántico que celebra la redención. Las plagas que siguen pronto son semejantes a las que precedieron a la liberación de Israel. Aquella redención era símbolo de la plena redención narrada en el libro del Apocalipsis.

En los versículos del 5 al 8 nos presentan un cuadro maravilloso. «En el cielo se abrió el templo» donde el arca de su pacto fue vista ya en el capítulo 11:19. El Señor, fiel a su pacto en que Israel y la tierra serían bendecidas, al fin está para cumplir sus promesas y santificar su poderoso nombre (Ezequiel 36:21-23).

Del templo salen los siete ángeles teniendo las siete plagas postreras. «Vestidos de lino limpio y resplandeciente.» Estas eran las vestiduras sacerdotales. «Ceñidos con bandas de oro a la altura del pecho» que significa que Dios guarde su amor en el lugar que le pertenece, por medio de su justicia divina. Estas cosas simbolizan la justicia de Dios, que se vengará sobre aquellos que lo rehusaron. A cada uno de estos ángeles le es dada una copa de oro llena de la ira de Dios, y entonces el templo se llena de humo (v. 7 y 8). Detrás de aquel humo está el fuego de juicio (Salmo 18:8; Éxodo 19:18; Isaías 6:4). «Y nadie podía entrar en el templo hasta que se hubieron cumplido las siete plagas.»

No más intercesión por los pecadores, no más dilación, la larga paciencia de Dios terminó.

**PREGUNTAS PARA ESTUDIO**

1. Diga con sus propias palabras, el significado del versículo 1.
2. ¿A qué tiempo se refiere este capítulo?
3. Describa el simbolismo del vestuario de los ángeles

# Capítulo 16

## *Las siete copas*
### *(Continuación)*

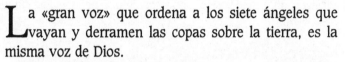

La «gran voz» que ordena a los siete ángeles que vayan y derramen las copas sobre la tierra, es la misma voz de Dios.

El mundo entero es afectado por estos juicios, porque todo el mundo es culpable delante de Dios. Estas plagas son literales, parecen ser repeticiones de las plagas de Egipto en los días de la liberación de Israel de las manos de faraón. (Versículo 1; Salmo 18:6; 46:6; 69:24).

### LA PRIMERA COPA

La primera copa derramada sobre la tierra produce una «úlcera maligna y pestilente sobre los hombres que tenían la marca de la bestia y que adoraban su imagen». El versículo 2 es una repetición de la sexta plaga egipcia (Éxodo 9:8-12). La úlcera será la maldad de los apóstatas adoradores de la bestia, y con gran agonía y sufrimiento gustan la ira de Dios.

### LA SEGUNDA COPA

La segunda copa, versículo 3, se derrama sobre «el mar, el cual se convirtió en sangre» (Apocalipsis 8:8; Salmo 105:29). Esta no es la sangre de marineros muertos en alguna colosal batalla, sino que las aguas del mar llegan a corromperse como la sangre de hombres muertos, causando la muerte a todo ser vivo en el mar. Si el mar tipifica las naciones entonces es posible que esto tenga referencia con la continua matanza y derramamiento de sangre que caracteriza la historia final de los tiempos de los gentiles.

### LA TERCERA COPA

La tercera copa, versículo 4, derramada sobre los ríos y fuentes de agua afecta el agua potable de todo el mundo (Éxodo 7:19-21). Los apóstatas negaron la Sangre de Cristo, burlándose de ella como hacen muchas denominaciones e iglesias en nuestros días, y entonces tendrán que tomar sangre para apagar su sed. Tendrán que gustar la amargura de su apostasía (Éxodo 32:20). Es en realidad una retribución donde la justicia de Dios en su juicio aprobado y vindicado por el ángel administrador. Otro ángel responde desde el altar del Dios Todopoderoso y magnifica la justicia de Dios (vv. 5-7).

### LA CUARTA COPA

La cuarta copa, versículos 8 y 9, es derramada sobre el sol y los hombres arden con gran calor. Es el tiempo profetizado por el profeta Malaquías 4:1, el día que «arderá como horno», y también Isaías 24:5,6. Los hombres en lugar de arrepentirse blasfemarán el nombre de Dios como una evidencia de su condición desesperante.

### LA QUINTA COPA

Versículos 10 y 11: «Derramado el trono de la bestia, hizo que su reino se cubriera de tinieblas y mordían de dolor sus lenguas». Es la respuesta de Dios que se derrama sobre el mismo trono de la bestia blasfemadora. Esta es una repetición de la novena plaga egipcia (Éxodo 10:20-23; Isaías 60:2; Joel 2:2,31; Marcos 13:24).

### LA SEXTA COPA

Versículo 12, derramada sobre el gran Río Éufrates provoca que sus aguas se sequen, preparando así el camino para «los reyes del oriente». Esto será literal (Apocalipsis 9:14). Este río Éufrates siempre ha sido una barrera formidable entre las naciones del oriente y del occidente. Por mil millas corre ancho y profundo, y por esto es un bloque grande a las actividades militares. Al derramar el sexto ángel su copa, deja de ser barrera, y hará posible que crucen los ejércitos de los «reyes del oriente». Tal vez del Japón, de China o de la India, y además esto ayudará a los judíos a volver a su propia tierra, como ha sucedido. Estúdiese Ezequiel 38 y 39; Joel 3:2,9-13; Isaías 11:15,16. El Mar Rojo se secó para la liberación de Israel de los egipcios, Éxodo 14:15-31, y así también el Río Jordán para que entrasen a la tierra prometida, Josué 3:3-17, y en los días de la segunda y final restauración, el Río Éufrates se secará para facilitar su vuelta.

Además es una verdad significativa que fueron desviadas las aguas del Éufrates a la caída de la Babilonia antigua, y en conexión con la vuelta de Israel del cautiverio babilónico, y en los últimos días tendrá que secarse el Éufrates en relación con la destrucción de la Babilonia moderna y la final restauración de Israel.

Los versículos 13 al 16 nos dan otro paréntesis. Así como tuvimos una visión entre paréntesis la sexta y la séptima trompeta, así tenemos aquí entre la sexta y séptima copa.

Este pasaje contiene una de las afirmaciones más terribles en la Biblia, a saber, que «espíritus inmundos» (v. 13). Los espíritus de demonios que obran milagros, «van a los reyes de la tierra en todo el mundo, para reunirlos a la batalla» (v. 14). El capítulo 19 del Apocalipsis nos dice lo que acontecerá a ellos 19:11-21. Aquellos que se juntan, poco saben lo que salen a buscar; pero esta es la historia común de los hombres, revelada en su carácter verdadero. El versículo 15 es una admonición benigna a los que quedan todavía, los que no han sido trabados por las abominaciones del anticristo.

A estos hombres que así se preparan para la última gran guerra, Cristo les da una advertencia final: «He aquí yo vengo como ladrón» esta no es su venida para llevar a la iglesia, sino a la revelación cuando él venga a la tierra con los ejércitos celestiales, en caballos blancos a la batalla del Armagedón. El rapto de la iglesia habrá tenido lugar unos siete años antes.

## LA SÉPTIMA COPA

Versículo 17, derramada en el aire marca la consumación de la ira de Dios. Una gran voz anuncia: «Hecho está.» Es la misma voz que exclamó: «Consumado es» desde la cruz del Calvario anunciando la verdad del fin de juicio para los creyentes. Aquí, él anuncia el fin de los juicios terrenales sobre los incrédulos.

La séptima copa se derrama en el aire. Esta es el imperio de Satanás, «el príncipe de la potestad del aire» (Efesios 2:2). Satanás es echado fuera de su imperio y su poder y dominio son echados en el abismo y después en el lago de fuego. El gran terremoto de los versículos 16 y 19 será el más grande que el mundo jamás vio. Será el cumplimiento de Zacarías 14:4,5. Habrá convulsiones en todo el orden de la naturaleza. Es la hora del colapso, cuando la piedra del sueño de Nabucodonosor hace su obra de desmenuzar a todos los reinos del mundo. Todo el mundo sentirá el choque, y las ciudades de las naciones caerán, incluyendo Jerusalén, que será dividida en tres partes cumpliéndose (Isaías 2:19-21).

Si se hace un estudio detenido se va a notar que una gran parte del libro del Apocalipsis está dedicado al tema de los juicios sobre Babilonia (14:8-10).

El versículo 20 no habla de una completa cesación, sino una renovación universal. La purificación final de todo lo que daña (Jeremías 4:23-26; Isaías 51:6). En este tiempo caerán piedras grandes sobre los hombres, y cada una pesará unas sesenta libras. Será una repetición de la séptima plaga egipcia (Éxodo 9:13-25). Muchas veces se usó el granizo como instrumento de destrucción (Véase a Josué 10:11 y Job 38:22,23).

Así como la ley de Israel demandaba apedrear al blasfemo hasta hacerle morir, Levítico 24:16, así también los blasfemos de los últimos días serán apedreados desde el cielo. Este es el granizo que barrerá el refugio de mentira en Isaías 28:17,18.

**PREGUNTAS PARA ESTUDIO**

1. Describa lo que sucedió en las diferentes copas: una, dos, tres, cuatro, cinco, seis y siete.

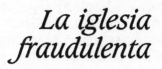

# Capítulo 17

# La iglesia fraudulenta

En este capítulo se destacan tres grupos que hay que identificar con claridad para entender su significado. La bestia, con siete cabezas y diez cuernos, la prostituta misma que cabalgaba sobre la bestia; y las personas a las que se llaman «las muchas aguas», de las que luego se dice que son «pueblos, multitudes, naciones y lenguas (v. 15).

Es también importante notar que los acontecimientos del capítulo 19 siguen al capítulo 16, pero los juicios de la séptima copa habiendo consumado la ira de Dios, al fin del capítulo 16, nos dice del gran regocijo en el cielo sobre la verdad que ha sido juzgada Babilonia y la sangre de los siervos de Dios es vengada (19:1,2). Después de esto nos dicen del regocijo a causa de la llegada de «las bodas del Cordero y su novia se ha preparado.»

Pero antes que se nos permita ver la iglesia verdadera con el Cordero en gloria, somos llevados a un lado para recibir una visión de la iglesia falsa. Esta es la visión en el capítulo 17.

La mujer en la Biblia, simboliza un sistema eclesiástico. El apóstol Pablo llama a la iglesia de Cristo «un misterio» (Romanos 16:25; Efesios 3:3,6; 5:25-32). «Ven, y te mostraré el castigo de la gran prostituta que está sentada sobre muchas aguas» (v. 1). Esta es la Iglesia Universal apóstata del tiempo del fin y se incluye en ella todas las religiones idólatras desde el principio hasta el fin. Hágase una comparación de esta visión con la de la mujer vestida del sol del capítulo 12. Esta representa todo el verdadero pueblo de Dios, desde el principio hasta el fin.

147

«Con ella cometieron adulterio los reyes de la tierra.» El versículo 2 muestra hasta donde llegó el poder de la falsa religión. La bestia que está sentada, se asemeja al Imperio Romano revivido. La historia nos enseña, incluyendo a Lutero que la intención del Romanismo Papal ha sido siempre de ejercer autoridad sobre el poder secular.

«La mujer estaba vestida de púrpura y escarlata ... y adornada de oro y piedras preciosas y perlas» (v. 4). Los colores y la calidad de joyas se identifican con los símbolos del papado y hablan de su riqueza y enorme gloria de autoridad. Todas estas cosas van mano a mano con todos los sistemas misteriosos y con la idolatría. Esto es un atractivo al hombre natural. «Tenía en la mano una copa de oro llena de abominaciones y de la inmundicia» hablan de impureza de doctrinas y prácticas. Me parece que lo más que nos podemos acercar a una identificación es entender esta ramera como un símbolo de un poder espiritual vasto que surge al fin de los tiempos.

El versículo 5 nos describe la falsificación del nombre escrito en la frente del Israel de Dios. «La gran Babilonia madre de las prostitutas.» El nombre Babilonia se originó en la primera rebelión contra Dios (Véase Génesis 10:8-10; 11:1-9). De la historia aprendemos que la fundadora de esta secta babilónica fue Seramis, la mujer de Nimbrod. Esta orden tenía sus sacerdotes, sus secretos, misterios e idolatrías, y la Torre de Babel fue edificada con el fin de hacerla un centro de adoración para ellos, desafiando la soberanía de Dios.

Cuando la gente fue esparcida de la Torre de Babel, por la confusión de las lenguas, entonces el veneno de este sistema inmundo y abominable se desparramó hasta los confines de la tierra. Semírada dio a luz un hijo quien ella declaró que tuvo en un nacimiento virginal, y que él era el prometido, «simiente de la mujer». Génesis 3:15. Los adoradores de esta secta babilónica empezaron a adorar a esta madre y a su hijo, y la llamaron La Reina de los Cielos (Jeremías 7:18; 44:15-19). Esto fue el principio. La imagen de la «Reina del Cielo» con su infante en sus brazos se hallan en las ruinas antiguas en el Oriente.

La Babilonia misteriosa es el resultado de la apostasía de Tiatira (Apocalipsis 2:18-29). Es la manifestación final de la que profesa ser esposa de Cristo, pero se ha vuelto ramera y se junta con el mundo (Jeremías 3:8; 6:9; Ezequiel 16:32; Oseas capítulo 1 y 2).

La ciudad de Babilonia, en los días de Nabucodonosor era el centro de religión, y cuando cayó el imperio y la ciudad, su templo fue destruido, los sacerdotes huyeron llevando consigo sus imágenes y vasos sagrados, para finalmente establecerse en la ciudad de Pérgamo. Fue así, como esta ciudad en Asia Menor llegó a ser el «trono de Satanás» (Apocalipsis 2:12,13). Un tiempos después la adoración fue cambiada a Roma, donde se estableció el cuartel general hasta el dia de hoy.

Cuando Cristo vino al mundo «el misterio de la iniquidad» estaba abundando y le dio fuerte oposición, como también se opuso al trabajo de los apóstoles y de la iglesia primitiva (2 Tesalonicenses 2:7; 1 Juan 2:18).

El versículo 6 nos dice que la ramera: «Se había emborrachado con la sangre de los santos y de los mártires de Jesús». Los santos mencionados son los mártires cristianos de la iglesia primitiva víctimas de las amargas persecuciones de la Roma pagana, más tarde la Roma papal, y en los días de la inquisición, mientras tanto que los mártires de este versículo serán aquellos del tiempo del anticristo durante la gran tribulación.

Los versículos 7 al 13 simplemente nos dan una sinópsis de toda la historia del Imperio Romano. Dejó de existir (v. 8) y Apocalipsis 13:3, pero su «herida mortal ... pero esa herida ya había sido sanada». El Imperio Romano pasó por cinco formas de gobierno, y tenía la sexta forma en el tiempo de Juan. La séptima es la forma que existe en Europa del cual saldrá la octava, el imperio del anticristo. Los diez dedos de la imagen de Nabucodonosor y los diez cuernos en Daniel 7:7. Estos diez reyes dan su poder y autoridad a la bestia y juntamente con él salen a guerrear contra el Cordero (v. 14). Su propósito es estorbar el establecimiento del reino universal del Mesías, pero todos sus ideales terminan en el Armagedón cuando el anticristo y todos sus adoradores son echados en el lago de fuego.

Se cree que los últimos días de la Roma de la bestia será el centro del sistema satánico avivado, y «el misterio de la iniquidad» en su forma final, una confederación religiosa por una temporada, será llevada por la bestia, es decir, dominará el poder civil del imperio del anticristo.

Los versículos 16 y 17 nos dicen de la suerte de la ramera, que había embriagado a pueblos, naciones y lenguas con el vino de sus fornicaciones. Es Dios en su juicio justo quien decretó su desolación de esta manera. Los diez reyes de este reino confederado, hallando que su poder ha sido mutilado por este sistema, aborrecerán a la ramera y la desnudarán de sus vestiduras tan espléndidas, confiscarán sus grandes riquezas, y quemarán sus templos y catedrales con fuego. Todo para que se cumpla en sus corazones lo que Dios se propuso.

### PREGUNTAS PARA ESTUDIO

1. Haga la diferencia entre la iglesia falsa y la verdadera.
2. Explique el simbolismo de la bestia sentada en el mar.
3. Describa la mujer dando su significado simbólico.

# Capítulo 18

## La destrucción de la Babilonia política

Babilonia ahora se ve bajo otro aspecto. En el capítulo 17 tenemos el centro religioso de Roma y sus idolatrías paganas (y otras religiones falsas incluídas) mientras en este capítulo tenemos todo el sistema de la cristiandad apóstata en su aspecto económico social. La civilización cristiana, llamada así, en su final condición apóstata que su muerte describe en este capítulo.

En otras palabras, habiendo dicho de la destrucción de la Babilonia política. Un gobierno contra Dios destruye a la iglesia fraudulenta en el capítulo 17, pero en el capítulo 18, Dios mismo destrona al gobierno que está en contra de él.

«Un ángel desciende del cielo» (vv.1-3), para anunciar su caída y suerte terrible. Es probable que este ángel sea el Señor mismo, siendo esta su tercera manifestación como ángel. En el capítulo 8:3 le vemos en su Dignidad Sacerdotal, en el capítulo 10:1 en su Dignidad Real, y aquí como el Heraldo y Ejecutivo de la venganza de Dios sobre Babilonia.

Babilonia ahora se «ha convertido en morada de demonios, y en guarida de todo espíritu maligno». Las naciones tomaron ansiosamente de su cáliz y los reyes de la tierra cometieron fornicación con ella. Y con este sistema fue conectado un gran comercio.

El pueblo de Dios es amonestado a salir de ella y no ser participante en sus abominaciones (v. 5).

La destrucción repentina y sin previo aviso se ve en los versículos 6 al 10. Una tempestad temible lo causará. Relámpagos y truenos serán incesantes. La ciudad, la gran metrópoli del anticristo será abrazada con fuego y gran terremoto la sacudirá del centro a la circunferencia y su humo subirá por los siglos de los siglos (capítulo 19:3). Es probable que aquella ciudad orgullosa sea destruida por acción volcánica y en su lugar quede un cráter inmenso.

Lamentación grande y universal sigue a la destrucción de este gran sistema mundial (vv. 11-20). Reyes, comerciantes, pilotos, marineros, exportadores e importadores, todo dando alaridos, llorando y lamentándose a causa de su gran pérdida. El pánico más enorme que ha acontecido y los ricos que lloran y aúllan a causa de las miserias que han venido sobre ellos (Santiago 5:1-5; Sofonías 1:11-18).

«Almas de hombres» (v.13). Las corporaciones y sistemas no tienen alma, pero hacen tráfico o comercio con las almas de los hombres, como las atrocidades en muchos países hoy día, el tráfico de las drogas entre países productores y consumidores. La crueldad y maltrato a los indígenas y trabajadores a causa del comercio y la prostitución en los Estados Unidos y otros países en el mundo. Todos ellos recibirán su juicio.

Pero los cielos se regocijan porque Dios le haya recompensado lo doble según sus obras (v.6).

Los versículos 21 al 24 claramente nos declaran que Babilonia no será hallada más. Consumada está la ira de Dios en ella.

### PREGUNTAS PARA ESTUDIO

1. En un ensayo describa a Babilonia desde su origen hasta su mención en el Apocalipsis.
2. Haga un análisis entre Apocalipsis 18:1-3 y 8:3.
3. ¿Qué sucederá después de la destrucción repentina?

# Capítulo 19

# Los cuatro aleluyas, las bodas del Cordero y la cena del gran Dios

Ahora llegamos al gran clímax de este libro maravilloso. Los siete años de tinieblas, apostasía y tribulación están por terminarse. El día del hombre se concluye. Los juicios de los sellos, las trompetas, y las copas pasaron. Las grandes naciones formaron su gran confederación con el hombre satánico teniendo su cabecilla. Entonces se manifestaron las dos fases de Babilonia con todos sus horrores. En medio de todo esto, el remanente fiel de Israel dio su testimonio. Muchos fueron martirizados, pero su predicación resultó en la salvación de una grande multitud.

### LOS CUATRO ALELUYAS

Los versículos 1 y 2 «el primer aleluya», por multitudes de huestes celestiales, santos y ángeles, hacen resonar los cielos de adoración y alabanza. Aleluya quiere decir «alabanza a Jehová». Las más altas aclamaciones de culto y adoración. Anselmo la considera como la palabra angélica y San Agustín decía: «Sentimiento que comprende o abarca toda la bienaventuranza o estado bendito del cielo».

El «segundo aleluya» (v. 3), es una repetición de regocijo y adoración a Dios por la victoria de la redención y por la destrucción de Babilonia.

El «tercer aleluya» (v. 4), dado por los veinticuatro ancianos y los cuatro seres vivientes. El «amén» en que se unen, es palabra de santo silencio y ratificación «que así sea».

El «cuarto aleluya» de los versículos 5 y 6 es la repetición de la multitud celestial del coro antifonal: «Más hallarnos allí, ¿qué será?

## LAS BODAS DEL CORDERO

La alabanza deja de fijarse en el juicio de Babilonia y mira a la consumación de la redención. Las bodas del Cordero son la consumación de Cristo. Su esposa se escogió antes de la fundación del mundo (Efesios 1:4). Ella es la iglesia del Nuevo Testamento, el cuerpo y la esposa de Cristo, la más íntima, la más querida y amada: «perla de gran precio» por quien él vendió todo lo que poseía, a fin de adquirirla para sí mismo. Al celebrarse las bodas del Cordero, los cielos y la tierra serán reunidos en un lazo que jamás será quebrantado.

Será la más grande de todas las bodas reales e internacionales y una que ningún divorcio ni separación puede romper.

En los versículos 7 y 8 nos dicen que «su novia se ha preparado» y «le ha concedido vestirse de lino fino, limpio y resplandeciente ... (El lino fino representa las acciones justas de los santos)». Esto indica la preparación intensa que la iglesia hizo durante su formación desde el Pentecostés hasta ese hermoso día.

¿Cómo puede la novia de Cristo compuesta de gente redimida, raza despreciada y desechada prepararse a sí misma? Es la gracia de Dios que con su misericordia la hizo vestirse con «ropas de salvación» y ... me cubrió con el manto de la justicia (Isaías 61:10). Cristo mismo la vistió con la gracia y poder de su Espíritu (1 Corintios 1:30; Filipenses 3:8,9).

Sí, todo esto es verdad, la iglesia necesita algo más. Sus vestiduras, en especial la de las bodas, consiste en la justicia recibida de parte de Cristo; la justicia que nos dio al salvarnos y luego, la justicia adquirida por medio de las obras buenas o como resultados de una vida consagrada al servicio del Señor.

Estas obras justas, serán probadas por el fuego en el «tribunal de Cristo» (1 Corintios 3:12-15). Después de pasar esta prueba de fuego merecerán la recompensa. No tan solo la iglesia está ocupada en cuidar su vestido, sino también está determinando su carácter y servicio en el Reino de dios (Salmo 45:9-17; Apocalipsis 3:4).

Las bodas serán el vínculo más estrecho de la intimidad en las relaciones, el amor recíproco al esposo. La esposa será asociada con Cristo en su reino y se sentará con él en su trono.

«¡Dichosos los que han sido convidados a la cena de las bodas del Cordero!» (v. 9). ¿Quiénes son estos llamados? Ciertamente no es la novia, porque la novia no se invita a sí misma a su propia boda. No, estos convidados serán los santos del Antiguo Testamento y las multitudes lavadas con la sangre de Cristo, que saldrán de la gran tribulación. Así serán congregados «los santos de todas las edades» quienes fueron redimidos por la sangre del Cordero, y además de estos convidados de honor, estará presente una multitud de ángeles como espectadores.

Después de las bodas, el esposo celestial llevará a su esposa a la tierra donde lo aborrecieron y lo rechazaron, y donde él sufrió la muerte de cruz y derramó su sangre para la redención del hombre.

### EL REINO MESIÁNICO

El establecerá después el Reino Mesiánico y gobernará sobre las naciones de la tierra por mil años. Su esposa, la iglesia, reinará con él.

«Adora solo a Dios» (v. 10). Aquí vemos que Juan fue reprendido cuando cayó a los pies del ángel que estaba con él, no se le premitió que le adorara. Está claro que no debemos adorar a ningún santo, ni ángel, ni a imagen. Dios es el único que merece nuestra adoración.

En los versículos 11 y 12 tenemos la visión del regreso de Cristo a la tierra, para sujetar toda autoridad, viene para juzgar y para hacer guerra. Estúdiense las siguientes profecías con esmero y dedicación (Salmo 2; Isaías 11, 24, 25, 26, 63, 65; Daniel 2,7; Joel 3; Habacuc 3; Zacarías 14; Mateo 24; Hechos 1; 2 Tesalonicenses 1 y 2).

### EL GUERRERO VALIENTE

Del cielo abierto sale el guerrero valiente montado sobre «un caballo blanco» (v. 11). Antes montó humildemente un burrito, con gran humillación. Ahora viene montado en un hermoso caballo blanco. El caballo en la Biblia simboliza la dignidad, realeza y guerra. Su color blanco significa pureza.

Él es llamado «Fiel y Verdadero». Él es la personificación de todo lo verdadero y el autor y consumador de nuestra fe (Juan 14:6; Hebreos 12:2. Mientras que el anticristo se le identifica como el dios falso y engañador. «Con justicia» él juzga y hace guerra. Es difícil encontrar una causa que justifique las guerras de las naciones, pero él lo hace con justicia.

«Sus ojos resplandecen como llamas de fuego» (v. 12). Él es omnisciente y escudriña y conoce hasta los intentos del corazón y lo más recóndito de los pensamientos del individuo.

«En su cabeza hay muchas diademas». El anticristo será hecho rey y se le dio una corona según (Apocalipsis 6:2), pero Cristo tiene o posee muchas diademas o coronas. Es decir, a él le pertenece el reino ydominio universal para siempre.

«Su nombre es el Verbo de Dios» (v. 13). Hemos estudiado que a Cristo se le identifica con muchos nombres: el Fiel y Verdadero, el Rey de reyes, Señor de señores, el Valiente, etc. Además hay un nombre que nadie sabe sino él mismo. Este nombre que no se conoce expresa lo excelso de la santidad de Cristo, que no nos permite conocerlo en todo lo que él es. Es inefable e infinito para ser entendidos por los seres finitos.

«Su ropa teñida de sangre» da la evidencia de enemigos muertos, son marcas o señales de un gladiador victorioso. El símbolo también de su realeza. Este guerrero sale vestido así para vencer y le siguen los ejércitos del cielo, montados en caballos blancos y vestidos de lino fino blanco (Judas 14 y Mateo 25:31).

«De su boca sale una espada afilada» (v. 15 y 1:16); Salmo 33:6: «He pisado el lagar yo solo ... lo he aplastado en mi ira». Estúdiese también Isaías 63:1-6, donde el profeta tuvo la misma visión que Juan describe aquí en Apocalipsis 14:14-20.

## LA BATALLA DEL ARMAGEDÓN

La batalla del Armagedon se describe en los versículos que siguen. Con anticipación a ella, las aves son llamadas para la «cena del gran Dios» para comer carnes de reyes, carnes de príncipes, de valientes, de caballos, etc. Esto se hace para que no resulte una pestilencia a consecuencia de la corrupción de cuerpos muertos (Ezequiel 39; Isaías 34:2-6).

La derrota completa de hombres poderosos y jactanciosos se va a ver aquí. En vano el anticristo y sus ejércitos se esforzaron para hacer guerra contra Cristo y sus huestes. «Muchos morirán a manos del Señor» (Isaías 66:15,16).

La batalla no durará mucho. Con un golpe poderoso se termina todo. La piedra cae, Daniel capítulo 2, y el dominio y gobierno de los gentiles cesan. La bestia y el falso profeta son tomados vivos y echados en el lago de fuego y sus ejércitos destruidos por completo (Zacarías 14:12,13). «Las aves que vuelan en medio del cielo», buitres, águilas, etc. que engullirán la carne de los cadáveres.

Cuán distinta es esta cena de aquella otra gran cena de la cual nos habla Lucas 14:15-24. Una es la cena del terrible juicio de los apóstatas y los que rechazaron el evangelio de la gracia de Dios; mientras que la otra es la bendita cena de amor y gracia, provista para los que fueron redimidos por el Salvador y Redentor Jesucristo. Todo aquellos que creen y han «nacido otra vez» pueden participar en la cena del evangelio, pero los incrédulos tendrán que ser excluidos.

### PREGUNTAS PARA ESTUDIO

1. Describa lo que acontece en cada uno de los cuatro aleluyas.
2. Describa las bodas del Cordero
3. ¿Quién es el Guerrero Valiente?
4. Haga un resumen sobre los acontecimientos del Armagedón.

# Capítulo 20

## El milenio y el juicio del gran trono blanco

«**V**i además a un ángel que bajaba del cielo, con la llave del abismo» (v. 1). Llegó la hora del arresto de Satanás, y no necesita ni un ángel poderoso para hacerlo, un ángel ordinario es suficiente para sujetar al enemigo.

### EL DRAGÓN Y LA SERPIENTE ANTIGUA

«Sujetó al dragón, a aquella serpiente antigua ... es el diablo y Satanás». Primero, el dragón esta es su designación terrenal y administración por medio de los poderes políticos mundiales, los cuales hasta aquel gran día se consideran como poderes del dragón (Daniel 10:13 y Juan 14:30). Este dragón es sutil, perverso, engañador e infunde su veneno y mortíferas perversiones en todo el mundo.

Segundo, la serpiente antigua, quiere decir que existe desde el principio de la historia humana (Génesis 3:1,14; 2 Corintios 11:3).

Tercero, el diablo, él es un calumniador y mentiroso (Juan 8:44).

Satanás, el adversario acusador de Job, por ejemplo (Job 1:6-3) y de los santos, (Apocalipsis 12:10). Este nombre significa uno que pone asechanzas a otro con el fin de llevarlo a la condenación y al desastre. «Lo arrojó al abismo ... hasta que se cumplieron los mil años» (v. 3). Un ángel prendió a Satanás con una gran cadena, esto es una atadura literal. (Compárese Judas 6), y le arrojó al abismo, sellando con un candado de combinación para abrirse pasados mil años. Satanás no es arrojado al lago de fuego en este tiempo, donde están sus dos compañeros viles, la bestia y el falso profeta, porque Dios tiene uso para él al final de los mil años. «El abismo es el lugar de los espíritus muertos, almas no salvas, que han dejado el cuerpo. Una fuerte habitación de los demonios, donde ellos y los espiritus bajos de los hombres muertos, con otros espíritus inmundos del orden bajo, están detenidos como presos malancólicos hasta el día del Juicio Final» (2 de Pedro 2:4; Judas 6) el destronamiento del «dios de este mundo», resulta en la entronización del Rey Verdadero, el Señor Jesucristo. Juan ve en los versículos 4 al 6 el reinado de Cristo con sus santos por mil años en la tierra. Dos compañías separadas de creyentes se mencionan en estos versículos viviendo y reinando con Cristo. Una compañía se compone de la iglesia redimida, aquella compañía que fue arrebatada en el rapto y los santos del Antiguo Testamento a quienes vimos antes en gloria en los capítulos 4 y 5 de este libro. Entonces vinieron los mártires, los santos de la gran tribulación, quienes rehusaron adorar a la bestia y su imagen y no dejaron marcarse y por esta causa fueron muertos,

Estas dos compañías «vivieron», es decir, que murieron pero volvieron a vivir, que significan que resucitaron de la muerte. Ambas compañías son santos de LA PRIMERA RESURECCIÓN.

En el versículo 5 otro grupo se menciona, llamado «los demás de los muertos» quienes no volverán a vivir, ni serán resucitados de la muerte, hasta que se terminen los mil años. Estos son los «inicuos muertos» de modo que está muy claro que habrán dos resurrecciones de los muertos, una para los santos y otra para los inicuos, con mil años entre una y la otra. Se deben estudiar los siguientes pasajes para tener mejor concepto de esto (Hechos 24:15; Juan 5:28,29; Lucas 14:14,20,35,36; Filipenses 3:11 y Hebreos 11:35).

Dichosos y santos los que tienen parte en la primera resurrección (v. 6), dice Juan: «La segunda muerte no tiene poder sobre ellos.» En la primer muerte el espíritu y el alma se separan del cuerpo, al cual se reúnen en la resurrección.

Este proceso sucede también a los inicuos. Pero los inicuos después de que han sido resucitados y juzgados en el juicio del gran trono blanco son sentenciados a la segunda muerte (v. 14). Gracias a Dios, la segunda muerte no tiene poder sobre los justos (v. 6).

A este nivel del estudio, es menester estudiar los siguientes pasajes y ver con claridad las promesas que tendrán su cumplimiento (Daniel 2:34,35; 13,14; Mateo 25:34; Lucas 1:30-33).

La forma de gobierno será una teocracia, el dominio de Dios en la persona de su hijo, Jesucristo, y el sitio de gobierno será Jerusalén, la «ciudad del gran Rey» (Mateo 5:35; Isaías 60:14).

La profecía de Miqueas 4:2 será cumplida, y toda la tierra será llena de su gloria, en abundancia y bendición que no puede describir ninguna pluma.

Pero este estado maravilloso no continuará de forma permanente como el versículo 7 nos indica. Al final de los mil años habrán muchos en la tierra quienes nunca se sujetaron a las tentaciones satánicas, y Dios en su sabiduría ve conveniente que ellos sean también probados y tentados, como todos los demás de la raza humana en las edades y épocas pasadas. Satanás es desatado de su prisión, y aunque fue aprisionado largo tiempo, sin embargo, no se reformó, al contrario sale con mayor malignidad. Él es Satán todavía, el archienemigo de Dios y del hombre. Este último sigue siendo hombre y todavía está presto para alejarse de Dios. Los versículos 8 y 9 nos prueban esto. Aquellos a quienes él engaña le siguen en un esfuerzo para exterminar el gobierno de justicia de Dios. Estos seguidores son aquellos que rindieron lisonjas serviles a Cristo durante los mil años y él los trató con vara de hierro.

El fin de esta lucha se ve en los versículos 9 y 10. Dios obra repentinamente, y un juicio terrible cae sobre estos anarquistas; ni uno escapa, y la tierra es completamente purificada de los malhechores.

Van al lugar preparado para ellos, tan ciertamente como los justos van al lugar preparado para ellos (Mateo 24:41; Juan 14:2). El diablo es arrojado al lago de fuego donde la bestia y el falso profeta le esperan por más de mil años. Juan nos dice del «juicio general», porque no hay tal cosa en la Biblia. La iglesia no está en este juicio, ni tampoco Israel, porque ambos ya se juzgaron.

El juicio de la iglesia aconteció delante del tribunal de Cristo, (2 Corintios 5:10; 1 Corintios 3:11-15), e Israel fue juzgado durante el período de la gran tribulación, y las naciones fueron juzgadas cuando el Hijo del Hombre vino en su gloria y se sentó en su trono de gloria (Mateo 25:31-46).

## EL GRAN TRONO BLANCO

El juicio del gran trono blanco son los muertos solamente. Juan los ve en pie delante del trono, «Se abrieron unos libros, y luego otro, que es el libro de la vida. Los muertos fueron juzgados según lo que habían hecho, conforme a lo que estaba escrito en los libros» (v. 12). El ángel ha guardado un fiel registro de la vida de cada persona y cada uno recibirá según sus obras. El pecador tiene que afrontar su registro de obras, en lugar de serlo por la fe en Cristo, serán por el registro de sus obras.

Algunos tendrán más a su favor que otros, en cuanto a buenas obras, pero cuando «el otro libro», el Libro de la Vida del Cordero sea abrá sus nombres no se hallarán, y porque no tienen vida en Cristo, serán condenados (Juan 3:36). Será una escena extraordinaria de juicio. Caín el primer homicida estará allí; los inicuos de los días de Noé; los habitantes de Sodoma y Gomorra; todos los inicuos pecadores de los tiempos del Antiguo Testamento, incluyendo los ángeles caídos (Judas 6). Todos serán arrojados al lago de fuego. Mientras en «el cielo nuevo y la tierra nueva» los justos reinarán con Cristo por la eternidad.

### PREGUNTAS PARA ESTUDIO

1. ¿Cuál es la relación entre el dragón y la serpiente antigua?
2. Describa la primera resurrección y compárela con la segunda.
3. Analice los acontecimientos alrededor del trono blanco.

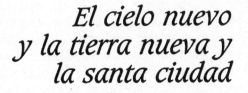

# Capítulo 21

# El cielo nuevo y la tierra nueva y la santa ciudad

Hay que notar tres divisiones en los capítulos 21 y 22 del Apocalipsis para poder hacer un análisis y un estudio completo. Al entender estas divisiones debemos usar las Escrituras como medio de investigación.

La primera división contiene los versículos 1 al 18 donde se nos describe el estado final y eterno de la tierra y el hombre.

Muchos creyentes tienen un concepto muy débil e insuficiente del estado eternal de la tierra. Tienen la idea que la tierra será completamente destruida, que «el fin del mundo» viene, y que la morada final de los redimidos será un estado espiritual de descripción y localidad indefinida. Olvidan que las Escrituras declaran: «Estableciste la tierra y quedó firme» (Salmo 119:90v). «Más la tierra siempre es la misma» (Eclesiastés 1:4).

Por lo tanto, cuando leen Apocalipsis 21:1-8 piensan «del hogar más allá», en algún lugar en el cielo, donde vamos a pasar la eternidad. También aquella gloriosa descripción de la Nueva Jerusalén (vv. 9-27; 22:5), es un cuadro hermoso del mismo «arriba en el cielo» hogar adonde vamos, y dejamos este mundo de maldad.

La verdad es que la tierra y el cielo permanecen como moradas definidas durante toda la eternidad. No habrá «el fin del mundo», sino que pasará de un estado o condición a otra; en otras palabras, hay una transición en el lugar de aniquilación, como por ejemplo, lo que aconteció en el tiempo del diluvio en los días de Noé, cuando el orden viejo fue cambiado por el nuevo.

Juan nos habla de esto primero en el capítulo 20:11 donde

nos dice: «Huyeron de la tierra y el cielo.» Él nos explica cómo acontece esto; pero el apostol Pedro lo aclara en 2 Pedro 3:7,10,12,13. Parece que esta gran conflagración es causada por el fuego que bajó del cielo y devoró a los rebeldes anarquistas al final del milenio (v. 9). Los santos del milenio son arrebatados a algún lugar de seguridad, como Noé en el arca, y la tierra es encendida con ardiente calor, no con el propósito de aniquilarla, sino para su purificación (léase Hebreos 12:26,27).

Y mientras pasa la tierra por su bautizmo de fuego, el juicio del gran trono blanco de los inicuios muertos tendrá lugar en alguna parte que Dios mismo designará.

La armazón o esqueleto de la tierra no será destruida por el fuego. La tierra actual y la atmósfera alrededor de ella será renovada y transformada por completo por el fuego y todo lo que el pecado trajo como: espinos y abrojos, microbios, enfermedades, pestes, etc., serán destruidas; la atmósfera será purificada para siempre de agentes destructores y espiritus malos. En otras palabras toda la Creación que está en un estado de terrible cautiverio, causado por el pecado, será suelta de servidumbre (Salmo 115:16; Mateo 5:5; Génesis 1:14-17; Salmo 37:22; Isaías 60:21; 65:17,18; 66:22). La tierra será un paraíso restaurado.

## LA CIUDAD CELESTIAL, LA NUEVA JERUSALÉN

No habrá tan solo cielo nuevo y tierra nueva, sino que habrá también una nueva ciudad. Juan habla de ella en el versículo 2 y luego en la segunda división de estos dos capitulos él nos da una descripción maravillosa y dividida de esta nueva ciudad.

En los versículos del 2 al 9 y 22:5, hablan de un templo, una esposa, una ciudad. Para Dios ella es su templo y tabernáculo (v. 3); (Efesios 2:19-22; 1 Pedro 2:4,6). Para Cristo es su esposa (vv. 2,9) y Efesios 5:25-27. Como ciudad la Nueva Jerusalén es el hogar de los santos una ciudad literal (Juan 14:1-3; Hebreos 13:14; 11:10-16).

El versículo 10 nos dice de dónde viene esta ciudad y los versículos del 11 al 15 describen sus maravillosos esplendores «resplandecía con la gloria de Dios». La palabra gloria en este pasaje es indescriptible.

Los versículos 16 y 17 dan las dimensiones de la ciudad que según los cálculos de algunos eruditos medirá dos mil doscientos kilómetros. De cualquier manera, será grande y gloriosa.

La ciudad tiene una muralla de unos sesenta y cinco metros, estaba hecha de jaspe. Esta muralla tiene cimientos decorados con toda clase de piedras preciosas con los nombres de los doce apóstoles. Hay doce nombradas con los nombres de las doce tribus de Israel. No hay templo según el versículo 22. Hay acceso perfecto a Dios y se celebra un culto continuo de adoración y comunión.

«Porque la gloria de Dios la ilumina y el Cordero es su lumbrera.» (vv. 23-27). Habrá luz constante en la ciudad y allí no habrá noche. Ni tampoco se necesita el sol, ni la luna, ni ninguna otra lumbrera.

Los siervos de Dios siempre contemplarán su rostro. Y sus nombres están en sus frentes. Les sirven allí y reinarán con él sobre la tierra para siempre jamás. Ninguna abominación o quien diga mentira como los reyes de la tierra, sus siervos traen su gloria a la ciudad y también la gloria y el honor a las naciones sobre las cuales gobiernan, y las puertas en la ciudad jamás se cerrarán. La luz de la ciudad brilla continuamente sobre el mundo abajo (Mateo 5:14; 13:43).

La tierra en una condición célica, restaurada del abandono y maldición, otra vez es conectada con Dios. El eslabón que conecta a la tierra es la santa ciudad, la Nueva Jerusalén.

Ella es la morada o tabernáculo de Dios para habitar entre los hombres (v. 3).

**PREGUNTAS PARA ESTUDIO**
1. Explique las divisiones entre el capítulo 21 y 22.
2. Defina el término «fin del mundo».
3. ¿Qué sucederá con la creación durante el juicio?
4. ¿Cuáles son las dimensiones de la ciudad?

# Capítulo 22

## *La santa ciudad*

En Génesis, primer libro de la Biblia, leemos de un paraíso sobre la tierra el cual se perdió como consecuencia del pecado de la raza humana. En Apocalipsis, último libro de la Biblia, se nos dice de un nuevo un paraíso, el cual el pecado jamás podrá dañar.

Dentro de la santa ciudad está el trono de Dios y del Cordero (Apocalipsis 3:21), y debajo del trono sale el río de agua de vida. Este es un símbolo del Espíritu Santo que procede del Padre y del Hijo (Juan 15:26; Zacarías 14:8). «A cada lado del río estaba el árbol de la vida, que produce doce cosechas al año, una por mes» (v. 2). Las hojas del árbol son para la sanidad de las naciones. Esto completa el cuadro del estado eternal y también de la revelación de este libro.

Noten las siete glorias de los redimidos en los versículos del 3 al 5. «Ya no habrá maldición.» ¿Qué significa esto? Que habrá perfecta santidad y no habrá más pecado. El trono de Dios y el Cordero estarán en ella, que significa gobierno perfecto, no más desorden. Sus siervos le servirán, no más pereza, sino un servicio constante y perfecto. Dicen las Escrituras que su nombre estará en su frente, indicando perfecta y eterna posesión.

En los versículos del 6 al 21, contienen la tercera división como un epílogo a la Biblia. «Estas palabras son verdaderas y dignas de confianza» nos dan seguridad y certeza. Nunca habló un hombre como él (1 Timoteo 1:15; 3:1; 4:8; 2 Timoteo 2:11; Tito 3:3,8; Apocalipsis 21:5). «¡Miren que vengo pronto!» (v. 7), nos da seguridad de su venida, y aunque pasen los tiempos debemos de guardar como iglesia esta profecía (1:3).

«Y me postré para adorar a los pies del ángel ... él me dijo ... mira, no lo hagas ... adora a Dios.» Se ve que Juan está abrumado, y el ángel le ordena a quién en verdad debe adorar. La adoración no es para un orden alto de ángeles, o santos glorificados. La Trinidad solo es digna de toda adoración y culto.

Cuando Juan oye «no selles ... este libro» es un mandamiento de autoridad divina, respeto al libro y su revelación (Daniel 12: 8-10).

En el versículo 11 nos da una advertencia solemne. Hágase un estudio comparativo de Apocalipsis 20:14 y Mateo 25:41.

«Mi recompensa, ... y le pagaré a cada uno según lo que haya hecho.» (v. 12). Estas recompensas están relacionados con su regreso al mundo.

El versículo 13 nos explica la suprema dignidad de su persona. (Apocalipsis 1:8; 21:6; Isaías 41:4; 44:12; Hebreos 1:3).

Hay un contraste solamente en los versículos 14 y 15 entre los que han lavado sus ropas y los que ya están condenados. Los bienaventurados tiene el derecho de llegar al árbol de la vida y pueden entrar por las puertas de la ciudad. La desobediencia le ocasionó al hombre la pérdida del derecho de llegar al árbol de la vida, pero Cristo murió para restaurarla.

El libro comienza y termina con Jesús, el Salvador. Jesús, su nombre humano siempre se refiere a su encarnación y unión con la humanidad, haciendo posible la redención para disfrutar su gloria (Mateo 1:21).

Notemos que el Antiguo Testamento termina con el sol de justicia, mientras que el Nuevo Testamento termina con la estrella de la mañana.

Jesús es la fuente y la raíz de la existencia de David. Su trono y las glorias prometidas con respecto a su descendencia incluye los pámpanos y las ramas de un linaje directo.

Tan pronto como Jesús se menciona a sí mismo como la estrella de la mañana, hay una respuesta de la tierra. El Espíritu que ha estado aquí en su plenitud de derramamiento desde el día del Pentecostés, inmediatamente clama: «Ven», como también lo hace la iglesia. Que se cumpla el mensaje final del evangelio en la Biblia: «Y el que tiene sed, venga; el que quiera tome gratuitamente del agua de la vida» (v. 17).

Los versículos del 18 al 21 contienen la última advertencia a los modernistas, los ateos y a todos los críticos, Ay de todos los que añaden o quitan algo de la palabra de Dios. Entonces se lee el mensaje, la oración y bendición final: «Sí, vengo pronto.»

Se oye la oración final: «Amén.» Y por último la bendición final: «Que la gracia del Señor Jesús sea con todos. Amén.»

Al concluir notemos la última palabra que el hombre dice a Dios en la Biblia y comparémosla con la primera palabra que habló el hombre a Dios. La primera palabra se encuentra en Génesis 3:10: «Escuché que andabas por el jardín, y tuve miedo porque estoy desnudo. Por eso me escondí.» En Apocalipsis 22:20 el hombre redimido dice: «¡Ven, Señor Jesús!»

## PREGUNTAS PARA ESTUDIO

1. Describa la santa ciudad.
2. ¿Qué significa: «No más maldición»?
3. Explique con sus propias palabras los versículos 11, 12 y 13.

## Paralelismo entre Génesis y Apocalipsis

| | |
|---|---|
| Creación: (cap. 1:1-27)<br>Adán, cabeza de la humanidad<br>caída: (cap. 3:17-19) | La nueva creación (cap. 1).<br>Cristo, el segundo Adán cabeza de la<br>nueva humanidad (cap. 19). |
| Adán, unido con su esposa:<br>(cap. 2:22-24) | Las bodas del Cordero<br>(cap. 19:7). |
| Eva, la esposa de Adán | La iglesia esposa del Cordero:<br>(cap. 19:7,8). |
| El jardín perdido por él:<br>(cap. 2:8-15; 3:23,24) | El paraiso de Dios restaurado:<br>(caps. 21 y 22). |
| El sol y la luna aprecen:<br>(cap 1:16) | No hay necesidad del sol y la luna:<br>(cap. 21:23). |
| La maldición sobre los cielos y la<br>tierra: (cap. 3:17,18) | Un nuevo cielo y tierra llenos de<br>gloria a Dios: (cap. 21:1-22:2). |
| La primera ciudad y su fracaso:<br>(cap. 4:17) | La ciudad de los redimidos:<br>(cap. 21). |
| La comunión con Dios<br>interrumpida: (cap. 3:8-11) | La comunión restaurada:<br>(cap. 21:2,3; 22:1-6). |
| Sufrimientos, tristezas, clamor,<br>gemidos; consecuencia del<br>pecado: (caps. 3 y 4) | Lágrimas limpiadas no habrá más<br>gemidos, ni clamor, ni dolor:<br>(cap. 21:4). |
| La muerte: (caps. 2:17; 3:19) | La muerte y el sepulcro arrojados en el<br>lago de fuego: (cap. 20:4). |

# Preguntas

## *Preguntas del estudio general del Apocalipsis*

Conteste estas preguntas con oraciones completas. Dé la referencia bíblica que apoya cada respuesta. También hay que ser consciente de los significados simbólicos y tipográficos.

1. Dé las razones por las que el Apocalipsis se escribió.
2. Explique los diferentes oficios que se le dan a Cristo en el libro.
3. Haga un esquema de las diferentes divisiones en el Apocalipsis.
4. Enumere las iglesias del Asia Menor y dé su significado organizacional, espiritual y moral.
5. Defina las enseñanzas de Balaam y los nicolaítas.
6. Explique en un ensayo 3:1-10.
7. Dé una explicación completa de los veinticuatro ancianos.
8. Explique el rollo del libro, su significado y contenido.
9. ¿Qué fue lo que constituyó a su Jesús ser digno de abrir el libro?
10. Enumere los acontecimientos al abrirse el libro.
11. Describa el papel de los ciento cuarenta y cuatro mil en el capitulo 7.
12. Describa a los cuatro jinetes, incluyendo su papel en la profecía.
13. ¿Quiénes son los que saldrán de la gran tribulación?
14. Explique el significado del silencio que habrá en el cielo.
15. ¿Cuál es la importancia del séptimo sello?
16. Explique quién es el ángel del capítulo 8.

17. Dé los acontecimientos al sonar las primeras cuatro trompetas.
18. Explique el juicio de la quinta trompeta.
19. Describa los acontecimientos al sonar la sexta trompeta.
20. Explique 10:2.
21. Describa la amargura y lo dulce del libro en la boca de Juan.
22. Explique 11:1.
23. ¿Cuáles son las interpretaciones de los dos testigos?
24. Explique la cuarta trompeta.
25. Describa la mujer del capítulo 12.
26. Describa la bestia del capítulo 13.
27. Defina la trinidad satánica.
28. Dé los nombres del anticristo en el Antiguo y Nuevo Testamento.
29. Escriba un ensayo sobre el anticristo y el falso profeta.
30. Explique la escena en el Monte de Sión.
31. Haga una comparación entre los que mueren en el Señor y los que son marcados.
32. Explique el Armagedón.
33. Enumere las siete plagas de las copas con sus acontecimientos y resultados.
34. ¿Quién es la gran ramera?
35. Explique 17:6.
36. Escriba un ensayos sobre las bodas del Cordero.
37. Describa al guerrero valiente y su participación en la batalla.

# PLAN DIVINO DE DIOS

ASIRIA

VISIÓN DE NABUCODONOSOR
Daniel - 2

VISIÓN DE DANIEL
Daniel - 7

ORO

IMPERIO BABILÓNICO

LEÓN - BABILONIA

PLATA

IMPERIO PERSA
MEDO-PERSA

OSO - MEDO-PERSA

COBRE

IMPERIO GRIEGO
GRIEGO

LEOPARDO - GRECIA

HIERRO

ROMANO

BESTIA TERRIBLE-ROMA

DIEZ REINOS FINALES

DIEZ    REINOS

REINO ETERNO

La cabeza, brazos, túnica y sandalias de la imagen y
demás objetos, fueron tomados de un bajo relieve
del Museo Británico de Londres.

Nos agradaría recibir noticias suyas.
Por favor, envíe sus comentarios sobre este libro
a la dirección que aparece a continuación.
Muchas gracias.

Vida@zondervan.com
www.editorialvida.com